톨스토이의 비밀일기

톨스토이의 **비밀일기**

초판 1쇄 인쇄 | 2005. 1. 7
초판 3쇄 발행 | 2005. 1. 29

지은이 | 레프 톨스토이
옮긴이 | 이항재
펴낸이 | 손상목
펴낸곳 | 도서출판 인디북

기　획 | 안승철
편　집 | 김연순 신선균 조혜민
디자인 | 디자인텔
마케팅 | 최영태 박현수 정현철
웹 전략기획 | 박연조
관　리 | 김봉환 길은자

등록일자 | 2000. 6. 22
등록번호 | 제 10-1993호
주　소 | 서울시 마포구 현석동 105-56 3층
전　화 | 02)3273-6895~6 팩　스 02)3273-6897
홈페이지 | www.indebook.com

ISBN 89-5856-052-5　　03890

* 잘못 만들어진 책은 구입처나 본사에서 교환해 드립니다.

1910
7. 29~10. 29

톨스토이의
비밀일기

레프 톨스토이 지음 | 이항재 옮김

인디북

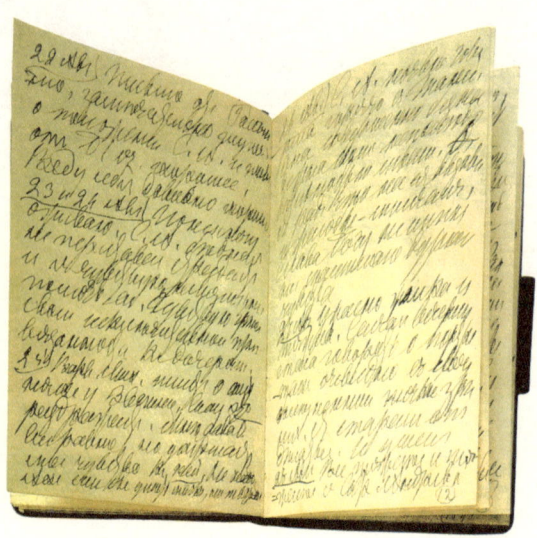
레프 톨스토이의 비밀일기, 1910년 8월 22일~28일.

| 차례 |

톨스토이의 비밀일기 | 7
톨스토이의 비밀일기 · 1 | 9
톨스토이의 비밀일기 · 2 | 53
톨스토이의 비밀일기 · 3 | 63
* 옮긴이 해설 | 88

톨스토이의 마지막 10일—가출 · 병 · 죽음 | 93
1910년 10월 28일~11월 7일
* 옮긴이 해설 | 154

레프 톨스토이의 가출과 죽음 | 157
딸이 쓴 아버지의 '가출' 과 '죽음' 에 대한 메모(1910년 10월 27일~11월 6일) | 159
왜 아버지는 야스나야 폴랴나를 떠났는가 | 179
* 옮긴이 해설 | 205

작가 연보 | 209

톨스토이의 비밀일기

톨스토이의 일기, 1910년 11월 3일 마지막 기록, 11월 3일, 아스타포보.

힘든 밤이었다. 이틀 동안 고열 속에 누워 있었다. 2일에 체르트코프가 왔다. 소피야 안드레예브나도 왔다고 한다. 밤중에 세료자가 찾아와서 나를 감동시켰다. 3일에 니키틴과 타냐가 왔고, 잠시 후에 골덴베이제르와 이반 이바노비치도 왔다. 바로 이게 나의 계획이다. '해야만 하는 것을 하고 내버려두라……'.

톨스토이의 비밀일기_1

1910년 7월 29일. 야스나야 폴랴나.

새 일기, 나 혼자만을 위한 진짜 일기를 쓰기 시작한다. 지금은 단 하나만을 써야만 한다. 내 몇몇 친구들의 의심이 맞다면, 이제 사랑을 통해 목적을 이루려는 시도가 시작된 것이다.[1] 벌써 며칠 동안 그녀[2]는 내 손에 입을 맞추고 있는데, 전에 없는 행동이다. 말썽을 피우는 일도 절망하는 일도 없다. 내가 잘못하고 있다면, 하느님과 선인善人들이시여 날 용서하소서. 나는 선행과 사랑에서 실수를 잘한다. 나는 아주 성실하게 그녀를 사랑할 수 있지만 레프[3]를 사랑할 수는 없다. 안드레이[4]는 마음속에 성령이 있다고 생각하기 어려운 사람들 중의 하나이다(그러나 성령이 있음을 기억하라). 나는 초조해하지 않고 무엇보다 침묵함으로써 내 입장을 고수할 것이다.

아마도 수많은 사람들에게서 그들의 영혼에 필요한 것을 빼앗아서는 안 될 것이다.[5] 다시 말하건대 '아마도' 이다. 내가 쓴 것들이 사람들의 영혼에 조금이라도 필요하다면, 안드레이가 술을 마시고 방탕한 생활을

---

1) V. G. 체르트코프와 A. B. 골덴베이제르는 톨스토이에게 보낸 1910년 7월 27일자 편지에서 소피야 안드레예브나 톨스타야의 위선적인 행동에 대해 언급했다.
2) 레프 톨스토이의 아내 소피야 안드레예브나 톨스타야(1844~1919).
3) 레프 리보비치 톨스토이(1869~1945) : 레프 톨스토이의 아들. 조각彫刻을 좋아했음. 1891년부터 아버지를 비판하는 글을 씀. 〈쇼팽의 전주곡 : '크로이체르 소나타'를 반대한다〉의 저자.
4) 안드레이 리보비치 톨스토이(1877~1916) : 레프 톨스토이의 아들.
5) 톨스토이가 7월 22일자에 쓴 비밀 유언의 내용을 암시한다. 이 유언에서 톨스토이는 자신이 쓴 모든 작품의 권리가 알렉산드라 톨스타야(알렉산드라의 사후에는 타티야나 톨스타야)에게 있고, 자신이 죽은 후에는 인세 수입을 모두 포기한다는 자신의 뜻을 딸들이 수행할 것이라고 말하고 있다.

하고 레프가 뭔가를 만들 수 있도록 하기 위해 사람들에게서 이 영혼의 양식을 빼앗아서는 안 된다…… 제발 하느님이 그들과 함께 하기를. 자신의 일을 하고 남을 비판하지 마라…… 아침.

다른 날들과 같은 하루. 건강이 좋지 않다. 그러나 마음은 좀 낫다. 무슨 일이 일어날지 기다린다. 그런데 이건 나쁜 일이다.

소피야 안드레예브나는 아주 조용하다.

청년 레프 톨스토이, 1849년.

7월 30일.

체르트코프[6]가 날 싸움에 끌어들였다. 이 싸움은 아주 고통스럽고 역겹다.[7] 나는 '사랑을 하면서' (이렇게 말하기가 무섭다. 난 전혀 그녀를 사랑하지 않으니까) 이 싸움을 하려고 노력할 것이다.

현재 나의 상황에서는 아마도 '무위' 와 '침묵' 이 중요하고 필요할 것이다. 오늘 나는 나의 현 상태를 망쳐서는 안 된다는 점을 생생하게 깨달았다. 그리고 내겐 '아무것도, 아무것도' 필요치 않다는 것을 분명히 알아야만 한다.

파벨 비류코프. 1890년.

블라디미르 체르트코프. 1886년.

6) 블라디미르 그리고리예비치 체르트코프(1854~1936) : 레프 톨스토이의 친구이자 톨스토이주의자로 사회활동가이자 출판인. 1884년에 출판사 '중개인' 을 설립하여 톨스토이의 책을 펴냄. 외국에 체류하면서(1897~1907) 신문 《자유언론》을 발행. 1928년부터 톨스토이 전집(90권)을 편찬하기 시작했음.
7) 체르트코프는 비밀 유언장을 쓰려고 한 톨스토이를 지지했고, 톨스토이가 비밀 유언장을 쓰도록 적극 도와주었다. 이 때문에 소피야 안드레예브나는 체르트코프를 더욱 증오하게 되었고, 톨스토이 가족의 불화는 더욱 심해졌다.

7월 31일.

저녁을 하릴없이 보냈다. 라드이젠스키 부부가 왔다. 나는 너무 많이 지껄였다. 소피야 안드레예브나는 다시 잠을 자지 않는다. 그러나 악의에 차 있지는 않다. 나는 기다린다.

톨스토이가의 형제들. 1854년.
왼쪽부터 세르게이, 니콜라이, 드미트리, 레프.

8월 1일.

잠을 잘 잤지만 여전히 갑갑하고, 슬프고, 활기가 없다. 내 주변을 혐오하고, 슬프게도 나 자신마저도 혐오하고 있음을 고통스럽게 의식한다. 주여, 도와주소서! 사샤[8]는 다시 기침을 한다. 소피야 안드레예브나는 포샤에게 똑같은 것을 이야기했다.[9] 체르트코프를 향한 질투와 재산에 대한 근심— 이 모든 것이 살아 있다. 몹시 고통스럽다. 레프 리보비치의 행동을 참을 수가 없다. 그런데 레프가 여기서 살고 싶어한다. 오, 이런 시련이! 아침엔 글을 썼지만, 엉망으로 써서 교정을 보았다. 고통스러운 정신 상태 속에서 잠을 자려고 눕다. 기분이 안 좋다.

야스나야 폴랴나의 레프 톨스토이 저택. 1896년.

---

8) 톨스토이의 막내딸 알렉산드라 리보브나 톨스타야(1884~1979). 사샤는 알렉산드라의 애칭
9) 포샤는 출판인이자 사회활동가이며 전기작가인 파벨 이바노비치 비류코프(1860~1931)를 말한다. 비류코프는 소피야 안드레예브나가 "나는 몹시 불행하고 체르트코프가 내게서 톨스토이를 빼앗아갔다"고 여러 번 얘기했다고 쓰고 있다. P. I. 비류코프, 『레프 니콜라예비치 톨스토이 전기』, 4권, 모스크바, 1923년, 208쪽.

8월 2일.

내가 아직도 살아 있다니!¹⁰⁾ 난 내 실수를 잘 이해했다. 모든 상속인들을 소집하여 내 의도를 공개적으로 밝혀야만 했었다. 나는 이에 대해 체르트코프에게 편지를 썼다.¹¹⁾ 그는 몹시 괴로워했다. 나는 콜프나에 갔다왔다. 소피야 안드레예브나는 확인하고 감시하기 위해 외출했다가 지금은 내 서류를 뒤지고 있다. 방금 그녀는 누가 체르트코프의 편지를 전달하고 있는지 물어보았다. 우리가 연서戀書를 주고받고 있다는 것이다. 나는 말하고 싶지 않다고 말하고 나왔지만 마음은 가볍다. 불행한 여자다. 어찌 내가 그녀를 불쌍히 여기지 않을 수 있는가. 갈랴¹²⁾에게 편지를 썼다.

---

10) 톨스토이는 종종 일기의 첫머리를 Е.б.ж.란 약어로 시작한다. 이 약어는 문자 그대로 옮기면 '만약 내가 살아 있다면' 이란 의미인데, '내가 아직도 살아 있다니!' 로 옮겨 보았다.
11) 톨스토이는 8월 2일자 편지에서 체르트코프에게 이렇게 쓰고 있다. "……나는 잘못 행동해서 그 값을 치르고 있다. 상속인들의 나쁜 행동을 예상하고 몰래 일을 한 건 잘못이다. 형식상의 유언장을 만들고 나서 내가 부정한 정부 기관을 이용한 건 분명히 잘못한 일이다."
12) 체르트코프의 아내 갈랴 체르트코바.

8월 3일.

마음에 슬픔을 느끼며 잠자리에 들고 똑같은 슬픔을 느끼며 잠을 깬다. 나는 모든 걸 견딜 수 없다. 비를 맞으며 여기저기를 걸어다녔다. 집에서는 일을 했다. 골덴베이제르[13]와 함께 말을 탔다. 그와 함께 있으면 왠지 마음이 무겁다. 체르트코프의 편지를 받다. 그는 몹시 괴로워하고 있다. 나는 '예'라고 말하고, 기다리며 아무것도 하지 않기로 결심했다. 나 자신을 쓸모 없다고 느끼는 것은 아주 기분 좋은 일이다. 저녁에는 소피야 안드레예브나의 정신 나간 메모를 받고 그걸 읽어야 했다. 슬쩍 들여다보고 건네주었다. 그녀가 도착하여 말문을 열었다. 나는 두문불출했고, 잠시 후 자리를 피한 다음 두샨[14]을 보냈다. 이 일이 어떻게 끝날까? 나 자신이 잘못을 저지르지 말아야 할 텐데. 자리에 눕다. 내가 아직도 살아 있다니!

---

13) 알렉산드르 보리소비치 골덴베이제르(1875~1961) : 1906년부터 모스크바 음악원 교수. 피아니스트이자 작곡가.
14) 두샨 페트로비치 마코비츠키(1866~1921) : 슬로바키아인. 의사. 톨스토이의 친구이자 동지.

8월 4일.

오늘은 고통스러운 일이 아무것도 없었지만 마음이 무겁다. 교정을 끝냈지만 아무것도 쓰지 않았다. 중학생들과 만나 괜히 그들에게 화를 냈다. 대학생 부부를 만나 책을 한 권 주었다. 쓸데없는 일들이 아주 많다. 두샨과 함께 라드이젠스키에게 갔다왔다. 포샤가 떠나고 코롤렌코[15]가 왔다.

레프 톨스토이의 아들들. 1904년.
왼쪽부터 레프 리보비치, 세르게이 리보비치, 일리야 리보비치, 안드레이 리보비치, 미하일 리보비치.

---

15) 블라디미르 갈락티오노비치 코롤렌코(1853~1921) : 러시아의 작가이자 사회정치평론가. 대표작으로 「장님 악사」가 있다.

8월 5일.

나는 약간 더 밝게 생각했다. 체르트코프와의 교제를 자제하는 것은 부끄럽고 창피하고 희극적이고 슬픈 일이다.[16] 어제 아침에 그녀는 깊은 슬픔에 차 있었다. 적의敵意도 내보이지 않았다. 이런 모습을 보면 항상 즐겁다. 그녀가 고통을 당하고, 다른 사람들을 고통스럽게 하지 않을 때, 나는 아주 쉽게 그녀에게 연민을 느끼고 그녀를 사랑할 수 있다.

소피야 안드레예브나 톨스타야. 1885년.

---

16) 소피야 안드레예브나에게 흥분거리를 주지 않기 위해 톨스토이는 7월 17일부터 텔랴틴키에 있는 체르트코프에게 가지 않았고, 체르트코프는 7월 24일부터 야스나야 폴랴나 방문을 그만 두었다.

8월 6일.

오늘 침대에 누워 있을 때 내게 아주 중요하게 보이는 한 생각이 떠올랐다. 생각한 것을 지금 쓰려고 한다. 그런데 생각한 것을 완전히 잊어버렸고 기억할 수가 없다. 일기를 쓰고 있는 장소에서 소피야 안드레예브나를 만났다. 그녀는 몹시 흥분해서 잰걸음으로 걷고 있다. 그녀가 몹시 불쌍해 보였다. 나는 그녀가 어디로 가는지 그녀를 몰래 살펴보라고 집사람들에게 말했다. 사샤는 그녀가 어떤 목적을 갖고 은밀히 날 감시하면서 걸어다니고 있다고 말했다. 그녀가 덜 불쌍해지기 시작했다. 이건 나쁜 마음이다. 나쁜 사람을 사랑한다는 의미에서 나는 아직도 그녀에게 무관심할 수 없다. 편지를 남기고 떠날 생각을 하고 있다. 그녀가 더 좋아질 거라고 생각하지만 걱정이다. 방금 몇 통의 편지를 다 읽고 「광기」에 손을 댔다가 옆으로 치워놓았다. 쓰고 싶지도 않고 쓸 힘도 없다. 이제 12시가 넘었다. 그녀에 대한 공포와 늘 숨어서 일을 하는 것이 고통스럽다.

8월 7일.

코롤렌코와 대화하다. 영리하고 좋은 사람이지만 온통 미신에 사로잡혀 있다. 당장 해야 할 일이 무엇인지 아주 분명한데, 유감스럽게도 그는 쓰지 못할 것이다. 마치 쓸 힘이 없어 보인다.[17] 모든 것이 뒤섞여 있고, 일관성도 한 방향을 파고드는 집요함도 없다. 소피야 안드레예브나는 훨씬 안정되어 있지만, 모든 사람들에게 악의를 품고 있고 신경질적이다. 코르사코프 집에서 『편집증』이란 책을 읽었다.[18] 그녀의 병적 상태를 참으로 정확하게 기술하고 있었다. 사샤가 이 책을 갖고 있었다. 여기저기 밑줄이 그어져 있었는데, 아마 사샤가 그은 것 같다. "알렉산드라 리보브나는 참 좋은 사람입니다."라고 코롤렌코가 말했다. 나는 감동해서 목이 메었고 말을 할 수가 없다. 마음을 진정시키고 나서 나는 이렇게 말했다: "난 말할 권리가 없네. 그 애는 날 너무 사랑하고 있어."

코롤렌코. 그래, 나는 그렇게 말할 권리가 있다.

레프를 대하면 여전히 고통스럽다. 그러나 다행스럽게도 나쁜 감정은 없다.

---

17) 연작 오체르크인 『인물들』을 말하는 듯하다.
18) 1910년 7월 19일 몸이 아픈 소피야 안드레예브나를 방문한 교수이자 정신병리학자인 G. I. 로솔리모는 그녀에게서 정신착란 증세를 발견했다. 이와 관련하여 톨스토이는 S. S. 코르사코프 교수의 책 『정신병 강의』를 읽었다.

가족과 함께, 1887년.
왼쪽부터 세르게이, 레프, 사샤, 레프 니콜라예비치, 소피야 안드레예브나, 일리야, 미샤가 앉아 있고, 마리야, 안드레이, 타티야나가 서 있다.

8월 8일.

일찍 일어났다. 이런저런 생각을 많이 했지만 모든 게 산만하다. 이래서는 안 된다. 날 도와달라고 기도하고 또 기도한다. 기쁜 마음으로 죽음을 바라지 않을 수 없고, 죽음을 기다리지 않을 수 없다. 체르트코프와 갈라선 것은 생각할수록 부끄럽다. 분명 내 잘못이다.
"난 선한 양이에요. 마부는 우리에게 심한 욕설을 퍼부었어요."[19]
소피야 안드레예브나에게 다시 똑같은 일이 일어났다. 그녀는 체르트코프가 왔다가기를 바란다. 그녀는 다시 아침 일곱 시까지 잠을 자지 않았다.
"사람들이 납품용 보드카를 가지고 가버렸죠."
내 기억력이 사라졌다. 그것도 완전히. 놀라운 일은 내가 아무것도 잃지 않았을 뿐만 아니라 엄청나게 많이 땄다는 것이다. 그것도 명료하고 강한 '의식' 속에서. 나는 항상 다른 사람에게 손해만 끼치고 있다고 생각한다.

---

19) 톨스토이는 부근 마을에서 일어난 사건을 전해 준 농사꾼 딸의 얘기를 적고 있다. 톨스토이는 이 농사꾼 딸의 말을 무척 마음에 들어했다. 국영상점용 보드카를 싣고 가던 짐 마차꾼이 잠깐 잠든 사이에 이 마을의 농부들이 보드카를 훔친 사건을 말한다.

8월 9일.

나는 인생에 대해 더욱더 진지한 태도를 취하고 있다. 다시 흥분상태. 표라, 사샤와 얘기하다. 사샤는 단호하다. 레프는 골치 아픈 엄청난 시련 덩어리이다.

레프 톨스토이에게 보낸 편지들.
(R.롤랑 – 1887년 4월 16일, K.토쿠토미 – 1906년 1월 21일, M.간디 – 1910년 4월 4일, J.베르그만 – 1910년 5월 29일)

8월 10일.

여전히 마음이 무겁고 건강이 나쁘다. 내 잘못이라고 생각하는 것이 좋다. 나도 그렇게 생각한다.

아버지여, 생명의 근원이여, 우주의 영이여, 생명의 원천이여 날 도와주소서. 내 인생의 마지막 며칠, 마지막 몇 시간이라도 당신에게 봉사하며 당신만 바라보며 살 수 있도록 날 도와주소서.

어제 갈랴에게 편지를 쓰면서 처음으로 모든 점에서 내가 잘못했다고 느꼈고, 지금도 자연스럽게 용서를 빌고픈 마음이다. 이런 생각을 하면서 '완전한 기쁨'을 느꼈다. 인간의 평판으로부터 자유스러워지고 사람들과의 관계를 단순화하니 너무나 홀가분하다. 아, 이 기분이 자기기만이 아니고 계속 유지되었으면.

가족과 손님들과 함께 한 톨스토이, 1888년.

8월 11일.

건강이 점점 나빠지고 있다. 소피야 안드레예브나는 조용하지만 왠지 낯설다. 편지들. 답장을 두 통 썼다. 모든 사람들과의 관계가 힘들다. 죽음을 소망하지 않을 수 없다. 이전에 있었던 모든 일을 구구 절절이 쓴 체르트코프의 긴 편지. 편지를 읽고 지난 일을 떠올리자 몹시 슬프고 고통스러웠다.[20] 그가 완전히 옳다. 그 앞에서 내가 잘못했음을 느낀다. 포샤는 옳지 않다. 나는 포샤와 체르트코프에게 편지를 쓸 것이다. 나는 이 모든 일을 쓰고 있다.

톨스토이의 펜.
톨스토이가 야스나야 폴랴나를 떠날 때 가지고 감.

---

20) 비류코프는 유언장을 은밀히 작성하는 일에 대해 톨스토이에게 의문을 표명했다. 이와 관련해서 체르트코프는 8월 11일에 장문의 편지를 썼다. 이 편지에서 체르트코프는 톨스토이의 유언장 작성과 관련된 모든 상황을 기술했다. 이 편지는 이 날 톨스토이에게 전달되었다.

8월 12일.

어제 타냐에게 모든 것을 말하리라 결심했다.[21] 오늘 아침부터 마음이 무겁다. 타냐에 대해서도, 소피야 안드레예브나에 대해서도 기분이 안 좋다. 용서하고 불쌍히 여겨야만 한다. 그러나 아직은 그럴 수 없다.

타냐에게 말했다. 타냐는 기뻐하며 동의한다. 사샤는 체르트코프가 내 편지를 받고 매우 만족하고 있다고 말했다. 하루 종일 밖에 나가지 않았다. 저녁에 게[22]가 스위스에 대해 좋은 얘기를 해주었다. 소피야 안드레예브나는 몹시 흥분해 있다. 그녀는 늘 그런 상태다. 분명 몸이 아픈 것이다. 그녀가 몹시 안됐다는 생각이 든다. 잠자리에 눕다.

---

21) 톨스토이는 맏딸 타티야나 리보브나 수호티나(1864~1950)에게 자신이 작성한 유언장에 대해 얘기하기로 결심했다.
22) 니콜라이 니콜라이비치 게(1857~1940) : 화가.

레프 톨스토이의 유언. 1910년 7월 22일 쓰여졌다.

일천 구백 십 년, 칠월 이십 이일, 아래에 서명한 나는 온전한 정신과 기억력을 가지고, 나의 죽음에 대비해 다음과 같은 유언을 남긴다: 나의 모든 문학 작품들, 여지껏 쓰여진 그리고 죽기 전까지 나에 의해 쓰여질 글들, 출판되거나 출판되지 않은 것들, 문학 작품과 그외 다른 모든 형식으로 쓰여진 글들, 번역문들, 개작들, 일기들, 개인적인 서한들, 초안과 구상들, 그리고 모든 메모들, 죽는 날까지 나에 의해 쓰여지는 모든 것들, 단 하나의 예외도 두지 않고, 어디서 발견되든, 누구에게 보관되어 있든 간에 관계없이, 자필로 쓰여진 것이든 활자화된 것이든 간에, 내 죽음 이후에 남을, 나와 관련된 모든 문서들을 나의 딸 알렉산드라 리보브나 톨스타야의 완전한 소유권으로 넘길 것을 유언한다. 만일 내 딸 알렉산드라 리보브나 톨스타야가 나보다 먼저 사망할 경우에는 상술한 모든 글들은 나의 딸 타티야나 리보브나 수호티나의 완전한 소유권으로 넘겨질 것을 유언한다.

8월 13일.

늘 똑같은 일이 일어나고 그녀와 있으면 역시 마음이 무겁고 위태롭다. 출발을 방해할 수도 있으니 작별인사를 하러 오지 말라는 체르트코프의 편지를 받다. 타네치카는 귀엽고 사랑스럽다.

풀베기 하는 톨스토이, 1890년.

8월 14일.

모든 것이 더욱 악화되고 있다. 그녀는 밤새 잠을 못 이루다가, 아침에 벌떡 일어나서 말했다. "당신은 누구하고 말하고 있는 거야?" 잠시 후 그녀는 무시무시한 것, 즉 성적 흥분에 대해 얘기했다. 말하기조차 끔찍하다. (세 단어가 지워져 있다.)

무섭다. 그러나 다행스럽게도 그녀가 불쌍하다. 난 그녀를 연민할 수 있다. 난 견딜 것이다. 주여, 도와주소서. 그녀는 모두를, 누구보다도 자신을 고통스럽게 만들었다. 그녀는 우리와 함께 간다. 마치 그녀가 바랴[23]를 쫓아내는 것 같다. 사샤는 괴로워하고 있다. 잠자리에 들다.

레프 톨스토이, 1885년.

---

23) 사샤의 친구 바르바라 미하일로브나 페오크리토바를 말한다.

8월 15일.

코체트이로 가는 도중에 다시 한번 이런 야단법석과 요구가 있게 되면 사샤와 함께 떠나리라고 나는 생각했다. 나는 그렇게 말했다. 그리고 길을 가면서 이것에 대해 생각했다. 지금은 이것에 대해 생각하지 않는다. 우리는 조용히 도착했다. 그러나 저녁에 나는 사샤에게서 노트를 받았다. 그녀가 이걸 보고 말했다. "도대체 이게 뭐죠?" 일기였다. 사샤가 일기를 베껴 쓰고 있다.

톨스토이 부부의 아이들, 1870년.

8월 16일.

오늘 아침에 그녀는 다시 잠을 자지 못했다. 그녀는 체르트코프를 위한 일기에서 내가 그녀를 비난한 부분을 사샤가 뽑아 쓰고 있다는 메모를 내게 가져왔다. 식사 전에 나는 사샤가 뽑아 쓴 것은 생활에 대한 나의 인상이 아니라 개별적인 생각일 뿐이라는 사실을 말하면서 그녀를 안정시키려고 애썼다. 그녀는 마음을 진정하려고 한다. 그녀가 몹시 불쌍하다. 이제 세 시가 넘었다. 앞으로 무슨 일이 있을까. 나는 일을 할 수가 없다. 일을 하지 말아야 될 듯싶다. 기분은 그리 나쁘지 않다.

딸과 지인들과 소피야 안드레예브나. 1896년.

8월 17일.

오늘은 좋은 날이다. 소냐[24]는 매우 기분이 좋다. 나도 내가 우울한 것이 기분 좋다. 슬픔은 기도와 자각으로 표현된다.

막내 아들 바녜치카가 사망한 해의 톨스토이 부부. 1895년.

---

24) 톨스토이는 이 대목에서 처음으로 아내를 '소냐'라는 애칭으로 부르고 있다. 아내를 소피야 안드레예브나라는 공식 호칭으로 부르는 것만 보아도 톨스토이 부부의 악화된 관계를 알 수 있다.

8월 18일.

체르트코프가 텔랴틴키에 살도록 허락한 것을 알고 나서 소피야 안드레예브나는 병적 상태에 빠졌다. "난 그자를 죽일 거야."라고 그녀가 말했다. 나는 그녀에게 말하지 말라고 부탁하고 아무 말도 안 했다. 이것이 좋은 영향을 미친 것 같다. 무슨 일이 일어날 것이다. 주여, 당신과 함께 하고, 당신이 원하는 걸 할 수 있도록 도와주소서. 무슨 일이 일어나든 내가 알 바 아니다. 종종, 아니 이따금 그녀는 이런 정신상태에 빠지곤 했지만, 그때마다 아주 좋았다!

소피야 안드레예브나의 생일. 1898년.

8월 19일.

아침부터 소피야 안드레예브나는 전에 한 약속을 지키고 초상화를 제작하지 말라고 요구했다. 나는 괜히 동의했었다.[25] 체르트코프의 편지는 훌륭하다. 그는 환자들에게 가장 잘 통하는 방법들을 확실하게 쓰고 있다.[26] 식사를 하면서 나는 자리에 어울리지 않게 아라고[27]에 대해 얘기했다. 부끄러워졌다. 부끄럽다, 정말 부끄럽다.

---

[25] 톨스토이는 소피야 안드레예브나에게 보내는 편지에서 그녀를 안심시키기 위해 자신과 체르트코프와의 관계를 솔직하게 말하고, 일기를 자신이 보관하고, 체르트코프가 베끼지 못하도록 일기를 건네지 않고, 일기를 베끼고 보관하도록 체르트코프에게 넘겨 준 모든 자료를 회수하고, 체르트코프와 만나지 않고, 체르트코프가 자신의 사진을 찍지 못하게 하겠다고 약속했다.
[26] 체르트코프는 8월 15일자 편지에서 소피야 안드레예브나를 염두에 두고 신경증 환자들을 다루는 '세 가지 방법'을 톨스토이에게 추천했다.
[27] 톨스토이는 프랑스의 학자이자 정치가인 도미니카 프랑수아 아라고의 인생에 대해 얘기했다. 1805년에 지중해에서 조난사고를 당한 후, 아라고는 알제리에 도착했고, 거기에서 노예가 되었다.

8월 20일.

경비원과 기분 좋게 얘기했다. 자신의 처지에 대해서 얘기한 것은 좋지 않다. 말을 탔다. 이 위풍당당한 지주의 모습은 날 몹시 고통스럽게 만든다. 그래서 나는 말을 타고 도망쳐서 사라져 버리는 것을 생각해 본다.

오늘 나의 결혼을 회상하면서 결혼은 숙명적인 것이라고 생각했다. 나는 결코 사랑에 빠진 적이 없었다. 그래서 나는 결혼할 수 없었다.

자신의 아이들과 함께 한 소피야 안드레예브나. 1902년.

8월 21일.

늦게 일어났다. 상큼한 기분을 느낀다. 소피야 안드레예브나는 여전하다. 그녀는 체르트코프의 초상화를 보았기 때문에 밤에 잠을 자지 못했다고 타냐에게 얘기했다. 위험한 상태다. 말하고 싶다, 즉 쓰고 싶다.

야스나야 폴랴나 집 서재의 톨스토이 부부. 1902년.

8월 22일.

소피야 안드레예브나의 상태에 대해 쓴 로솔리모의 아주 어리석은 편지와 B의[28] 매우 훌륭한 편지를 받다.

나는 아주 만족스럽게 처신하고 있다.

야스나야 폴랴나 집 거실에 있는 소피야 안드레예브나. 1902년.

---

28) 일부일처제를 주장하는 회교의 일파인 바비교(敎)에 대한 K. 바이라모프의 편지.

8월 23~24일.

나는 다소 활기를 되찾고 있다. 소피야 안드레예브나는 계속 고통스러워한다. 그녀를 도와줄 수 없음을 느낀다. 내가 지나치게 딸들에게 집착하고 있는데, 이건 안 좋은 듯싶다.

친지들과 함께. 1908년.

8월 25일.

바르바라 미하일로브나는 즈베긴체바[29] 집에서 나온 뜬소문에 대해 쓰고 있다. 사샤는 이에 대해 격분하고 있다. 다행히도 나와는 상관없다. 그러나 이 때문에 '그녀'[30]에 대한 나의 감정은 악화되고 있다. 그럴 필요 없다. 아, 부드럽지만 단호할 수 있다면.

---

29) 안나 예브게니예브나 즈베긴체바 : 톨스토이의 영지 부근에 살았던 여지주.
30) 소피야 안드레예브나를 말함.

8월 26일.

밤에 소피야 안드레예브나는 타냐와 격하게 얘기했다. 앞뒤가 안 맞는 언행으로 보아 그녀는 절망적이다. 난 그녀의 도전과 불평에 대해 침묵했다. 그래서 기분이 좋다. 다행히도 나는 나쁜 감정을 조금도 갖고 있지 않다.

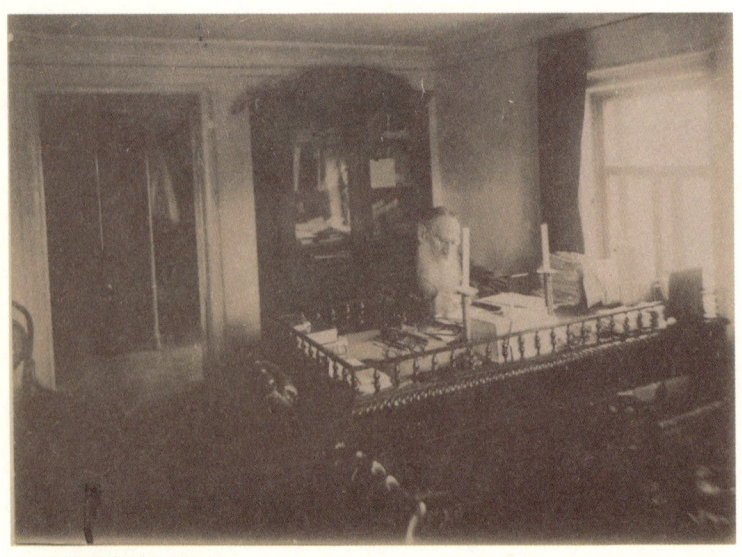

모스크바 집의 서재에서. 1898년.

8월 27일.

그녀는 정말로 불쌍하고 끔찍하다. 오늘 저녁에 그녀는 분명 병적인 관점으로 초상화에 대해 말하기 시작했다. 나는 그녀로부터 벗어나려고 애썼다. 그래서 자리를 떴다.

레프 톨스토이. 1892년.

8월 28일.

소피야 안드레예브나와 함께 있는 것이 점점 더 고통스럽다. 이건 사랑이 아니라 증오와 비슷하고, 증오로 변하는 사랑의 요구이다.

그렇다, 에고이즘은 미친 짓이다. 아이들이 그녀를 구했다. 동물적이지만 자기 희생적인 사랑. 이것이 끝나자 무서운 에고이즘만 남았다. 에고이즘은 가장 비정상적인 상태, 즉 미친 짓이다.

방금 사샤와 미하일 세르게예비치와 얘기했다. 두샨도 사샤도 그녀의 병을 인정하지 않는다. 그러나 그들은 옳지 않다.

딸들, 손자들과 함께 산책하는 소피야 안드레예브나. 1897년.

8월 29~30일.

어제 아침은 아무런 이유 없이 무서웠다. 그녀가 정원으로 나가서 누웠다. 잠시 후 그녀는 평온해졌다. 사람들이 잘 말했다. 떠나면서 그녀는 감동적으로 용서를 빌었다. 오늘은 30일. 내 건강이 나빠지고 있다. 사샤가 일이 잘되었다고 전보를 쳤다.[31] 무슨 일이 일어날까?

레프 톨스토이, 1897년.

---

31) A. L. 톨스타야는 모스크바에 있는 제임스 메이보르(캐나다 토론토의 정치경제학 교수)에게 야스나야 폴랴나를 잠시 방문해 달라는 전보를 쳤다. 그는 일본과 중국 여행에 대해 흥미로운 얘기를 많이 했다.

8월 31일~9월 1일.

나는 진실한 마음으로 소냐에게 편지를 썼다.

야스나야 폴랴나 집 서재에서 편지를 쓰고 있는 레프 톨스토이. 1909년.

9월 2일.

그녀로부터 아주 기분 나쁜 편지를 받았다. 똑같은 의심, 똑같은 악의, 똑같이 희극적인 사랑의 요구. 이 사랑의 요구는 왜 이렇게 무섭고 고통스러울까.

오늘 『인생독본』에는 쇼펜하우어의 이런 말이 있었다. "사랑을 강요하는 행위는 증오를 야기한다……."

결혼 37주년 기념일에. 1899년.

9월 3~4일.

사샤가 도착했다. 나쁜 소식을 가지고 왔다. 모든 게 똑같다. 소피야 안드레에브나는 여기로 오겠다고 쓰고 있다. 그녀는 초상화를 불태우고 집에서 기도를 한다. 내가 혼자 있을 땐, 마치 내가 그렇게 할 수 있는 것처럼, 그녀를 단호하게 대해야 한다고 마음먹는다. 그러나 그녀와 함께 있으면 마음이 약해진다. 그녀가 아프다는 사실을 기억하려고 노력할 것이다. 오늘은 4일. 우울했다. 죽고 싶었다, 죽고 싶다.

레핀이 만든 조각상 옆의 톨스토이. 1891년.

9월 5~8일.

소피야 안드레예브나가 왔다. 매우 말이 많았다. 처음엔 불쾌한 것이 아무것도 없었다. 그러나 어제부터 날 비난할 구실을 찾고 간접적으로 날 비난하기 시작했다. 몹시 고통스럽다. 오늘 아침에 그녀가 조샤에 대해 더러운 말을 하기 위해 달려왔다. 할 수 있는 한 참고 또 참을 것이다. 그녀를 불쌍히 여기고 사랑해야 한다. 주여, 도와주소서.

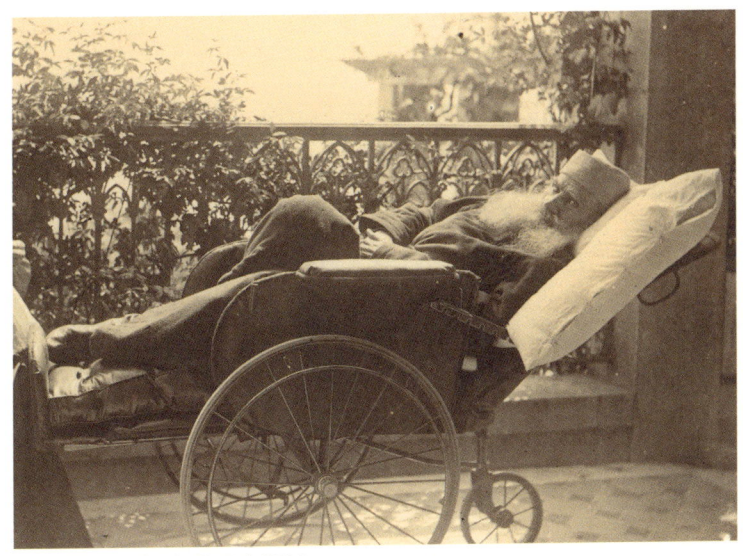

가스프라의 집 발코니에 있는 톨스토이. 1902년.

9월 8~10일.

어제 9일에 그녀는 하루 종일 히스테릭한 상태에 있었다. 아무것도 먹지 않고 울었다. 그녀가 너무 불쌍했다. 어떤 설득도 어떤 의논도 받아들이지 않는다. 다행히도 나는 나쁜 감정 없이 이런저런 얘기를 솔직하게 했다. 그녀는 평상시처럼 이해하지 못하면서 내 말을 받아들였다. 어제 나 자신도 기분이 나빴다. 우울하고 쓸쓸했다. 그녀는 체르트코프의 편지를 받고 그에게 답장을 했다.[32] B. M.이 쓴 일기를 발췌한 골덴베이제르의 편지를 받다.[33] 그 편지를 읽고 나는 공포를 느꼈다.

말을 타고 산책하기 전의 톨스토이. 1908~09년.

오늘은 10일. 모든 게 똑같다. 그녀는 아무것도 먹지 않는다. 내가 안으로 들어갔다. 그녀가 크림에 가야 한다고 말한 사샤를 비난한다. 아침에 나는 참아서는 안 된다고 생각했다. 그녀로부터 떠나야 한다. 그녀와 함께 살 수 없다. 고통뿐이다. 그녀에게 말했던 것처럼 나의 불행은 그녀에게 무관심할 수 없다는 데 있다.

---

32) 체르트코프는 소피야 안드레예브나에게 보낸 9월 5일자 편지에서 서로의 오해를 풀려고 했다. 그러나 이 편지는 두 사람의 관계를 더욱 복잡하게 만들었다.
33) A. B. 골덴베이제르는 B. M. 페오크리토바가 쓴 일기의 발췌를 톨스토이에게 전달했다. 이 일기에는 소피야 안드레예브나 톨스타야가 톨스토이에 대해 아주 나쁜 말을 한 것처럼 쓰여 있다.

9월 11일.

저녁 무렵에 정원에서 울고불고 비명을 지르며 뛰어다니는 추태가 시작되었다. 내가 그녀의 뒤를 좇아 정원으로 나가자 그녀는 날 향해 짐승, 살인자라고 소리쳤고 날 보지 않겠다고 외쳐댔다. 그녀는 짐마차를 빌려서 가버리겠다고 뛰쳐나갔다. 저녁 내내 이런 소동을 부렸다. 내가 발끈해서 그녀에게 모든 사실son fait을 말하자 갑자기 그녀는 상태가 좋아졌다. 오늘 11일은 이렇게 지나갔다. 그녀와 대화하는 것은 불가능하다. 무엇보다 그녀에게는 논리도, 진실도, 그녀가 듣고 말한 것을 올바로 전달하는 것도 꼭 필요한 것이 아니기 때문이다. 나는 도망쳐야만 하는 사람과 비슷한 처지가 되어 가고 있다. 건강이 나빠졌다.

집 마당에서 뭔가 쓰고 있는 소피야 안드레예브나. 1901년.

9월 12일.

무시무시한 추태를 부린 뒤, 소피야 안드레예브나는 떠났다. 나는 다소 안정을 되찾고 있다.

75세 생일의 톨스토이 부부. 1903년.

9월 16~17일.

그러나 야스나야에서 끔찍한 편지가 왔다. 날 노망 든 사람으로 몰아 내 유언장을 무력화시키려는 것도 그녀의 터무니없는 생각 중의 하나라니 고통스럽다. 이밖에 나에 대한 얘기도, 나를 증오한다고 인정하는 것도 똑같다. 단호한 태도를 취하라는 모든 사람들의 조언과 나의 결정을 확인하는 체르트코프의 편지를 받았다. 내가 내 결정을 일관되게 밀고 나갈지 모르겠다.

지금은 17일 밤.

22일에 야스나야로 돌아가고 싶다.

체호프에게 선물한 사진. 톨스토이의 서명이 들어 있다. 1903년 5월 18일.

9월 22일 아침.

야스나야로 간다. 날 기다리고 있는 걸 생각하면 공포가 엄습한다. 해야만 하는 것을 하라fais ce que doit…… 중요한 것은 침묵하고 그녀 안에 영혼, 즉 하느님이 있음을 이해하는 것이다.

승마를 즐기는 소피야 안드레예브나, 1903년.

톨스토이의 비밀일기_2

9월 24일. (야스나야 폴랴나)

작은 일기장을 잃어버렸다.[34] 이제 여기에 쓴다. 하루의 시작은 편안했다. 그러나 아침식사 중에 수집가인 체르트코프가 구한 〈어린이의 지혜〉에 대한 대화가 시작되었다. 내가 죽은 후에 체르트코프는 원고를 어디에 숨겨놓을까? 나는 다소 격하게 제발 날 조용히 내버려두라고 부탁했다. 그럭저럭 넘어가는 것 같았다. 그러나 점심식사 후에 소피야 안드레예브나는 내가 자기에게 소리를 질렀다고 비난했다. 또 자기를 불쌍히 여겨야만 한다고 날 비난했다. 나는 잠자코 있었다. 그녀는 자기 방으로 갔다. 지금 11시인데도 그녀는 나오지 않는다. 비난과 폭로가 담긴 체르트코프의 편지를 받다.[35] 이따금 '모든 사람들로부터 떠나야만 한다'는 생각이 든다. 열두 시가 넘어서 잠자리에 들었다.

---

34) 소피야 안드레예브나는 톨스토이 장화의 목 부분에서 〈나 혼자만의 일기〉를 찾아내어 가지고 갔다. 이것은 1910년 7월 29일부터 9월 22일까지의 일기였다.
35) 체르트코프는 9월 24일자 편지에서 톨스토이가 그들의 관계에 소피야 안드레예브나가 개입하도록 했고, 좋은 것만을 바라면서 자신도 모르게 애매모호한 입장에 빠져버렸다고 톨스토이를 비난했다.

9월 25일.

일찍 일어나서 체르트코프에게 편지를 썼다. 내가 부탁한 대로 그가 내 편지를 받아들이기를 바란다. 이제 옷을 입는다. 그래, 나의 모든 일이 잘 될 것이다. 나 홀로 존재해야만 한다. 사진을 찍기 위해 다정한 부부의 자세를 취하라는 부탁을 또 받다. 나는 그렇게 했다. 사진 찍는 내내 부끄러웠다.[36] 사샤가 몹시 화를 냈다. 저녁에 나는 사샤를 불러서 "내게 필요한 것은 너의 속기速記가 아니라 너의 사랑"이라고 말했다.

레프 톨스토이. 1903년.

---

36) 발렌틴 페도로비치 불가코프(1886~1966) : 1910년에 톨스토이의 비서였음. 이날 불가코프는 집 앞의 정원에서 톨스토이 부부의 사진을 찍었다. 이것이 톨스토이의 마지막 사진이다.

레프 톨스토이의 마지막 사진.
결혼 48주년인 1910년 9월 25일의 레프 톨스토이와 소피야 안드레예브나.

9월 26일.

내가 예전의 초상화를 걸었다는 이유로 다시 소동이 일어났다. 나는 이렇게 살 수 없다고 말하기 시작했다. 그녀도 이해했다. 두샨은 그녀가 날 놀라게 하기 위해 장난감 권총을 쏘았다고 말했다. 나는 놀라지도 않았고 그녀에게 가지도 않았다. 정말 잘한 일이다. 그러나 너무 너무 힘들다. 주여, 도와주소서.

9월 27일.

내가 처한 이 대치상황은 너무나 희극적이다. 이런 상황 속에서 나는 겸손을 가장하지 않고 가장 중요하고 의미심장한 생각을 발전시키면서 말하고 있다. 이와 동시에 여자의 변덕과 싸우고, 여자의 변덕에 관심을 보이며 대부분의 시간을 보내고 있다.

산책 중인 톨스토이 부부. 1905년.

도덕적 완성을 이루는 일에서 나는 어린애이고 학생이며, 그것도 별로 성실하지 않은 나쁜 학생이라고 느낀다.

어제 그녀는 집에 돌아온 사샤와 무서운 소동을 벌였다. 그녀는 마리야 알렉산드로브나에게 고함을 쳤다. 오늘 사샤는 텔랴틴키로 떠났다. 아무 일도 없었던 것처럼 그녀는 아주 평온하다. 그녀는 내게 장난감 권총을 보여주며 그걸 쏘았다. 그리고 거짓말을 했다. 오늘 그녀는 내 행선지를 알아낼 생각으로 내 뒤를 따라 산책을 했다. 불쌍하지만 고통스럽다. 주여, 도와주소서.

9월 28일.

매우 고통스럽다. 이런 사랑의 표현, 이런 다변多辯 그리고 끊임없는 간섭. 그럼에도 불구하고 사랑할 수 있음을 안다. 그러나 난 그럴 수 없다. 나쁘다.

산책 중인 레프 톨스토이. 1905년.

9월 29일.

사샤는 아직도 집밖에서 살기를 원한다. 그녀가 걱정이다. 소피야 안드레예브나는 기분이 더 나아졌다. 이따금 나는 기력이 쇠약해진 것에 대해 수치심을 느끼는 체한다. 이따금, 오늘처럼 나는 기력이 허약해진 것이 기쁘다.

오늘 처음으로 선과 사랑을 통해 그녀를 길들일 수 있는 가능성을 발견했다. 아, 만약……

톨스토이의 아이들. 1904년.

9월 30일.

오늘도 모든 게 똑같다. 그녀는 말을 위한 말을 많이 하고 듣진 않는다. 오늘 고통스러운 순간이 있었다. 몸이 허약해진 탓으로 나는 불쾌하고 괴로운 꿈을 꾸었다. 그가 없는 곳에 참된 생활이 있을 수 없다

피아노를 연주하는 딸 알렉산드라 리보브나와 함께. 1907년.

10월 1일.

그녀가 의미와 목적도 없이 끝없이 말을 쏟아낼 때 그녀에 대한 나쁜 감정이 너무 고통스럽다. 나는 이 감정을 극복할 수 없다. 영혼과 신에 대한 체르트코프의 논문은 너무나 비논리적이어서 걱정된다.[37] 진실로 독창적인 모든 종교인들의 생각은 똑같다는 점이 기쁘다. 앙투앙$_{\text{Antoin}}$[38]도 마음의 병을 고치는 자이다.

---

37) 체르트코프의 논문 〈자유로운 사색에 대하여〉를 말한다.
38) 가톨릭교를 버리고 보편적인 사랑을 설교한 벨기에의 철학자. 톨스토이는 앙투앙의 종교적 및 도덕적 가르침이 자신의 생각과 비슷하다고 말했다.

톨스토이의 비밀일기_3

10월 2일.

아침부터 첫마디가 자신의 건강에 대한 것이다. 그리고 비난, 끝없는 말, 말참견. 나도 몸이 나쁘다. 불쾌하고 나쁜 감정을 물리칠 수 없다. 오늘 창작의 필요성을 강하게 느꼈지만 그녀 때문에, 그녀에 대한 나쁜 감정 때문에, 내적 투쟁 때문에 창작에 몰두할 수가 없다. 물론 이 투쟁과 이 투쟁에서의 승리는 예상할 수 있는 모든 예술작품보다 더 중요하다.

80주년 생일 때. 1908년.

10월 5일.

인쇄지를 넘겼고 오늘 새로운 것을 쓰기 시작한다. 새로운 것을 쓸 필요가 있는 것 같다. 3일, 점심식사 하기 전에 잠을 자고 나서 인사불성이 되었다. 사람들이 내 옷을 벗겨 날 눕히고 관장灌腸을 했다. 난 뭐라고 말했지만 기억이 나지 않는다. 잠에서 깨어났고 11시쯤에 정신을 차렸다. 어제는 하루 종일 두통을 느끼며 고열 속에 누워 있었다. 아무것도 먹지 못했고 여전히 기력이 쇠잔하다. 밤도 그렇게 지나갔다. 지금은 아침 7시. 여전히 머리, 간, 다리가 아프고 힘이 하나도 없다. 그러나 기분은 나아졌다. 중요한 것은 내 병이 사샤와 소피야 안드레예브나를 화해시켰다는 점이다. 사샤는 특히 기분이 좋다. 바랴가 왔다. 좀더 두고볼 일이다. 그녀에 대한 나쁜 감정과 싸우고 있다. 이 3개월 동안 나와 지인知人들이 당한 고통을 잊을 수 없다. 그러나 그녀에 대한 나쁜 감정을 극복할 것이다. 밤에는 잠을 자지 못했다. 생각하느라 잠 못 이룬 건 아니고 이런저런 생각이 머리 속에서 떠돌아다녔다.

10월 7일.

어제 6일에 나는 몸이 쇠잔하고 기분이 우울했다. 모든 것이 고통스럽고 불유쾌했다. 체르트코프의 편지. 그는 이것이 괜한 일이라고 생각한다. 소피야 안드레예브나는 애쓰면서 체르트코프의 방문을 청했다. 오늘 타냐가 체르트코프의 집에 갔다왔다. 갈랴는 매우 격분해 있다. 체르트코프는 8시에 오기로 결정했다. 지금은 십분 전 여덟시. 소피야 안드레예브나는 그와 키스하지 말라고 내게 부탁했다. 너무나 역겹다. 히스테리 발작이 있었다.

오늘은 8일. 나는 필요하다고 생각되는 모든 걸 그녀에게 말했다. 그녀는 반대했고, 나는 화를 냈다. 불쾌했다. 그러나, 그럼에도 불구하고 뭔가는 남게 될 것이다. 중요한 건 내가 추잡하게 행동하지 않는 것이다. 항상 그런 건 아니지만 대체로 나는 그녀에게 진짜 연민을 느낀다. 하루를 잘 보내고 잠자리에 들다.

10월 9일.

그녀는 평온하다. 그러나 자신에 대해 말하려고 한다. 히스테리에 관한 책을 읽었다. 그녀를 제외한 모두가 잘못이다. 체르트코프의 집에 가지 않았고, 앞으로도 가지 않을 것이다. 평온이 무엇보다 중요하다. 마음이 엄숙하고 진지하다.

친척, 손님들과 함께. 1908년.

10월 10일.

조용하다. 그러나 모든 것이 부자연스럽고 기분 나쁘다. 평온은 없다.

막내딸 A. L. 톨스타야와 함께. 1908년.

10월 11일.

아침부터 그녀는 어제 내가 체르트코프를 몰래 만났다고 말했다. 그녀는 밤새 잠을 자지 못했다. 그러나 고맙게도 그녀는 자신과 싸우고 있다. 나도 잘 참고 침묵했다. 그녀는 일어나고 있는 모든 일을 자신의 망상이 실현된 것이라고 믿는다. 어찌하랴…….

집 앞에서 꽃을 꺾는 톨스토이. 1908년.

10월 12일.

다시 아침부터 볼멘 소리와 소동. 누군가가 일기를 체르트코프에게 주라는 내 유언에 관해서 그녀에게 말했다. 나무 아무 말도 하지 않았다. 공허한 하루. 나는 일을 잘할 수 없었다. 저녁에 다시 똑같은 볼멘 소리. 암시와 꼬치꼬치 캐묻기.

농촌을 거닐고 있는 톨스토이, 1908년.

10월 13일.

그녀는 내 작은 일기장을 찾아서 가지고 갔다. 그녀는 저작물에 관해 분명하게 언급하고 있는 내 유언장의 몇몇 사항에 대해 알고 있다. 저작물의 돈 가치 때문에 그녀는 너무 고통스러워한다. 그리고 그녀가 내 저작물을 출판하는 것을 내가 방해할까 봐 걱정한다. 그녀는 모든 것을 걱정한다. 불행한 사람.

10월 14일.

저작권 서류에 대한 비난 섞인 편지. 중요한 것은 분명 돈 문제인 듯싶다. 그러나 그녀가 나를 향한 사랑을 과장해서 말하고 무릎을 꿇고 내 손에 키스할 때, 나는 몹시 고통스럽다. 나는 아직도 체르트코프의 집에 간다고 분명히 말할 수 없다.

손자 바냐, 손녀 타냐와 함께. 1908년.

10월 15일.

그녀와 사샤의 충돌이 있었다. 둘 다 흥분했지만, 참을 수 있다.

야스나야 폴랴나의 생가 정원에서. 1908년.

10월 16일.

오늘 해결되었다.

타냐에게 가고 싶지만 망설여진다. 무서운 히스테리 발작.

중요한 건 그녀가 나에게 체르트코프의 집에 가라고 권하고 청했다는 점이다. 그런데 오늘 내가 체르트코프의 집에 가리라 말하자 그녀는 발광하기 시작했다. 너무, 너무 힘들다. 주여, 도와주소서. 나는 어떤 약속도 하지 않고, 앞으로도 약속하지 않겠다고 말했다. 그러나 그녀가 괴로워하지 않도록 내가 할 수 있는 모든 걸 할 것이다. 나는 아마도 내일 출발하지 못할 것이다. 그러나 출발해야만 한다. 그렇다. 이건 시련이다. 문제는 나쁜 일을 하지 않는 것이다. 주여, 도와주소서.

승마를 즐기는 톨스토이. 1908년.

10월 17일.

몸이 쇠약해졌다. 소피야 안드레예브나는 기분이 더 좋아졌다. 그녀는 마치 자신의 잘못을 인정하는 듯하다. 그러나 여기에도 히스테리컬한 과장이 있다. 그녀는 몹시 흥분해서 끊임없이 말을 한다. 나는 정신적으로 기분이 나쁘다. 난 내가 누구인지 기억하고 있다. 『쉬리 샨카라』[39)]를 읽었다. 인생의 본질에 대한 근본적이고 형이상학적인 생각이 훌륭하다. 그러나 모든 교의는 혼란스럽다. 내 교의보다 더 나쁘다.

말을 타고 산책하러 가는 톨스토이를 배웅하는 소피야 안드레예브나. 1908년.

---

39) 쉬리 샨카라 아차리야(788~820): 인도의 철학자이자 사회평론가.

10월 18일.

그녀에 대한 무섭고 낯설고, 고통스러운 느낌은 여전하다. 오늘은 아무 일이 없었다. 저녁에 신앙에 대한 대화가 시작되었다. 그녀는 신앙이 무엇인지 전혀 이해하지 못한다.

톨스토이를 방문한 수도사 레프 비켄티예비치 토닐로프(1873~1923), 1907년.

10월 19일.

밤에 매우 고통스러운 대화가 있었다. 나는 역겨움을 참았다. 사샤가 백만 루블을 받고 판 것에 대해 말했다.[40] 두고 볼 일이다. 아마 더 좋은 방향으로 나아가겠지. 최고재판관 앞에 서기만 한다면 그의 인정을 받을 수 있을 텐데.

톨스토이와 농민 청원자들. 1908년.

---

40) A. L. 톨스타야는 소피야 안드레예브나가 톨스토이 선집의 저작권을 백만 루블을 받고 '계몽' 출판사에 팔려고 한다는 소문을 아버지에게 전달했다.

10월 20일.

나쁜 것을 쓸 수가 없다. 나쁘다. 사샤가 날 무척 기쁘게 했고, 사샤가 내게 너무나 소중하고 사랑스럽다는 말만을 나는 쓴다.

M. L. 오블렌스카야와 함께. 1906년.

10월 21일.

나는 아주 고통스럽게 시련을 당하고 있다. 노비코프[41]는 "채찍으로 마누라를 때렸더니 마누라가 훨씬 좋아졌다."고 말했다. 이반은 "우리의 생활은 고삐로 꽉 죄어야 한다."고 말했다. 이 말들이 항상 생각난다. 나는 자신이 불만족스럽다. 밤에는 떠남에 대해 생각했다. 사샤는 그녀와 많은 말을 했다. 나는 간신히 불쾌한 감정을 참고 있다.

툴라 현 크라피벤스크 군 보로프코보 마을의 미하일 페트로비치 노비코프의 농가. 1930년대.

---

41) 노비코프와 이반은 톨스토이 영지에서 살았던 농사꾼들.

10월 22일.

그녀 측에서 적의를 품을 이유는 아무것도 없다. 그러나 나는 양측의 위선적인 행동 때문에 고통스럽다. 내게 보낸 체르트코프의 편지와 도세프[42]에게 보낸 체르트코프의 편지, 그리고 성명서를 받다.[43] 모든 게 매우 좋다. 그러나 일기의 비밀을 지키지 못한 것은 불쾌하다. 두냐예프[44]가 잘 말했다. 소피야 안드레예브나가 두냐예프와 마리야 니콜라예브나에게 한 얘기는 끔찍하다.

레핀과 톨스토이. 1908년.

---

42) 흐리스토 페오도시예비치 도세프(1886~1919) : 톨스토이와 뜻을 같이했던 불가리아인. 『야스나야 폴랴나의 주변에서』(1907~1909)의 저자.
43) 체르트코프는 죽음에 대한 10월 17일자 톨스토이의 편지에 답장(10월 20일)을 했고, 흐리스토 도세프에게 보낸 편지를 복사하여 톨스토이에게 보냈으며, 톨스토이의 저작 출판권을 팔지 않을 것이라는 성명서 초안을 톨스토이에게 보냈다.
44) 알렉산드르 니키포로비치 두냐예프(1850~1920) : 모스크바 상업은행의 책임자들 중 한 사람으로 톨스토이의 가까운 친구.

10월 23일.

양측의 위선이 여전히 고통스럽다. 단순해지려고 애쓰지만 잘 안 된다. 노비코프에 대한 생각이 떠나지 않는다. 내가 말을 타자 체르트코프에게 가는가 보려고 소피야 안드레예브나가 내 뒤를 쫓았다. 일기에서조차 내 어리석음을 인정하는 것이 부끄럽다. 어제부터 체조를 시작했다. 바보가 젊어지고 싶어한다. 장_臟이 내게로 넘어졌다. 괜히 고생을 했다. 여든둘 먹은 바보 멍청이.

체르트코프의 아들과 체스를 두는 톨스토이. 1907년.

10월 24일.

사샤가 타냐와 말싸움을 하고 나서 대성통곡했다. 나도 울었다. 매우 고통스럽다. 똑같은 긴장과 부자연스러움.

집필실에서. 1908년.

10월 25일.

늘 똑같은 괴로운 감정. 그녀의 의심, 몰래 엿보기, 죄 많은 욕구. 나로 하여금 집을 떠나게 하는 이유들이다. 나는 몹시 기분이 나쁘다. 나는 떠날 생각을 하고 그녀의 상태에 대해 생각한다. 유감이다. 역시 떠날 수 없다. 그녀는 내게 갈랴 체르트코바에게 보낸 편지를 달라고 요구했다.

손녀 타티야나 수호티나와 함께. 1909년.

10월 26일.

점점 더 이 생활이 고통스럽다. 마리야 알렉산드로브나는 나에게 떠나지 말라고 한다. 게다가 양심이 떠나는 것을 허락치 않는다. 외적 상태를 바꾸지 말고 그녀를 견뎌야 한다, 견뎌야만 한다. 그러나 내적 상태에 대해 연구해야 한다. 주여, 도와주소서.

농부 아이들과 함께. 1908년.

10월 27일.

10월 25일. 나는 밤새 그녀와 심하게 싸우는 꿈을 꾸었다. 깼다가 잠들기를 되풀이했다. 사샤는 바르바라 미하일로브나가 한 말을 전했다. 그녀가 불쌍하다. 참을 수 없이 구역질이 난다.

10월 26일. 특별한 일이 없었다. 수치심과 결행의 필요성이 커졌을 뿐이다.

농민들에게 돈을 주는 톨스토이. 1908년.

10월 28일. 오프티나 수도원.

10월 27~28일부터 가출을 실행하도록 강요하는 자극이 있었다. 28일 저녁, 지금 나는 오프티나 수도원에 있다. 사샤에게 편지와 전보를 보냈다.

오프티나 수도원. 1890년대 말~1900년대 초.

10월 29일.

세르게옌코[45]가 왔다. 모든 게 여전하고 더 나빠졌다. 죄를 짓지만 않았으면, 악의를 품지 말아야 한다. 지금 악의는 없다.

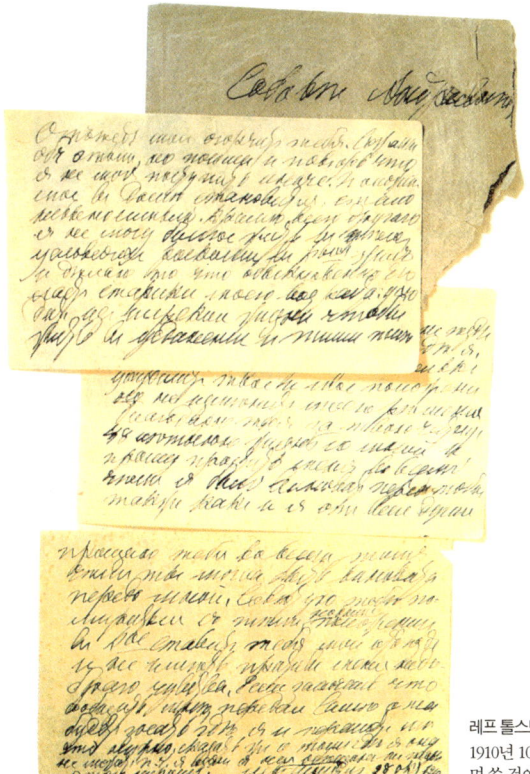

레프 톨스토이가 아내에게 남긴 작별편지.
1910년 10월 28일 야스나야 폴랴나를 떠나며 쓴 것이다.

---

45) 알렉세이 페트로비치 세르게옌코(1885~1961) : 1906년에서 1910년 동안 블라디미르 그리고리예비치 체르트코프의 비서를 지냈음.

| 옮긴이 해설 |

비밀일기 : 톨스토이의 절망과 환멸의 기록

레프 톨스토이(1828~1910)는 1847년부터 생애의 마지막 순간까지 일기를 썼다. 어디를 가든 연필과 메모장을 항상 갖고 다녔다. 그렇게 평생 쓴 일기가 20여 권에 달한다. 톨스토이에게 있어 일기는 자신의 예술 언어와 문체를 연마하는 작업장이었고, 자기 반성과 성찰의 내밀한 쪽방이었고, 젊은 날의 육체적 방탕과 죄를 고백하는 고해소告解所였고, 톨스토이 사상이 형성되고 발전하는 인큐베이터였으며, 일상의 자잘한 사건들을 기록하고 정리하는 작은 공간이었다. 그러므로 톨스토이의 일기는 작가와 인간으로서의 톨스토이를 보다 객관적이고 총체적으로 이해하는 데 좋은 자료가 된다. 일찍이 보리스 에이헨바움과 빅토르 쉬클로프스키 같은 톨스토이 연구자들은 톨스토이의 일기와 창작의 상호작용과 유기적 관계에 주목하여 많은 논문을 쓴 바 있다.

그런데 톨스토이는 이 보통 일기와 함께 생애의 마지막 시기인 1910년 7월 29일부터 10월 29일까지 세 달 동안 또 다른 '진짜' 일기를 쓰게 된다. 이른바 「비밀일기」(나 혼자만을 위한 일기)이다. 이런저런 이유로 아내와 심각한 갈등에 빠진 톨스토이는 남에게 내보이고 싶지 않은, 그래서 보통 일기에는 쓸 수 없었던 개인적인 갈등과 고통을 조그만 노트에 몰래몰래 적어 놓은 것이다. 아내 소피야 안드레예브나와의 갈등, 자식들에 대한 걱정, 소피야 안드레예브나와 톨스토이주의자들, 특히 블라디미르 체르트코프와의 불화와 갈등이 이 일기의 주요 내용이다.

톨스토이가 유언장을 작성할 때 사용한 서류 가방.

톨스토이는 죽음을 앞두고 비밀 유언장을 작성하여 자신의 작품을 필요로 하는 수많은 대중들을 위해 저작물에 대한 권리를 포기하게 된다. 그러나 여덟 명의 자식들과 많은 식솔들을 부양해야만 했던, 톨스토이보다 열여덟 살이나 적은 지극히 현실적이었던 소피야 안드레예브나의 입장에서 톨스토이의 대승적 결단은 이해하기 힘든 것이었다. 소피야 안드레예브나는 체르트코프를 위시한 톨스토이주의자들이 정신이 흐려진 톨스토이를 부추겨 이 비밀 유언장을 작성토록 했다고 의심했다. 이때부터 소피야 안드레예브나는 항상 톨스토이의 주변을 맴돌며 의심하고 감시하고 미행하면서 매사에 간섭하고 위협을 해대면서 히스테리를 부리게 된다. 심지어 톨스토이와 체르트코프의 관계를 이상한 측면에서 바라보고 질투하여 마침내 정신분열증을 일으키고, 비명을 지르며 연못에 뛰어들고, 장난감 권총을 쏘아대며 위협하기까지 한다. 9월 11일자 일기를 보자.

저녁 무렵에 정원에서 울고불고 비명을 지르며 뛰어다니는 추태가 시작되었다. 내가 그녀의 뒤를 좇아 정원으로 나가자 그녀는 날 향해 짐승, 살인자라고 소리쳤고 날 보지 않겠다고 외쳐댔다. 그녀는 짐마차를 빌려서 가버리겠다고 뛰쳐나갔다. 저녁 내내 이런 소동을 부렸다. 내가 발끈해서 그녀에게 모든 사실son fait을 말하자 갑자기 그녀는 상태가 좋아졌다. 오늘 11일은 이렇게 지나갔다. 그녀와 대화하는 것은 불가능하다.

이러한 상황에서 톨스토이는 그럼에도 불구하고 아내를 병자로 생각하여 연민을 느끼면서 이해하려고 노력한다. 그러나 때때로 밀려드는 아내에 대한 절망과 인생에 대한 환멸을 견딜 수 없었던 톨스토이는 "죽고 싶다, 죽고 싶다"고 절규한다. 일기에는 "고통스럽다, 역겹다, 끔찍하다, 무섭다, 불쌍하다."란 말이 끊임없이 반복되고 있다. 게다가 막내딸 알렉산드라와 맏딸 타티야나를 제외하고 다른 자식들은 아버지가 하는 일에 대해 전혀 무관심하고 아버지를 직접 비난하기까지 했으며, 톨스토이가 하는 일에 대해 딸들과 아내는 늘 언쟁을 일삼았다. 또 가장 신뢰하는 동지이자 친구인 체르트코프와 아내는 매사에 부딪치고 극단적으로 대립하여 톨스토이를 고통스럽게 만들었다. 톨스토이는 모든 사람들과 일정한 거리를 두고 '무위와 침묵'에 기대어 심신의 안정을 꾀하지만, 정신적인 긴장과 고통은 계속되고 몸도 급격히 쇠약해진다. 결국 톨스토이는 10월 28일 새벽, 욕심과 의심과 고통 그리고 애증이 가득한 한恨 많은 둥지 야스냐야 폴랴나의 집을 떠나 11월 7일 새벽 아스타포보라는 조그만 시골 역에서 숨을 거두게 된다. 「비밀일기」는 10월 28일자로 이렇게 끝난다. "세르게옌코가 왔다. 모든 게 여전하고 더 나빠졌다. 죄를 짓지만 않았으면. 악의를 품지 말아야 한다. 지금 악의는 없다."

생략과 암시가 가득한 경구驚句와도 같은 「비밀일기」를 우리 말로 옮기는 작업은 '인간 톨스토이'라는 암호를 풀어가는 고통스런 과정이었다. 그 고통은 문맥

생애의 마지막 몇 년간 사용하던 시계.

의 난해함뿐만 아니라 너무나 복잡다단한 인간 톨스토이의 실존과 모순 때문이었다. "러시아에는 두 개의 권력이 있다. 하나는 차르 정부, 다른 하나는 톨스토이다."란 말이 있을 정도로 톨스토이는 19세기 말~20세기 초에 도덕적 권위와 세계적 양심의 상징이었고, 그 현실적 세력도 대단했다. 야스나야 폴랴나는 연일 세계 여러 나라에서 몰려오는 톨스토이주의자들로 문전성시를 이루었고, 위대한 작가 톨스토이는 성자로 추앙되고 있었다. 이런 톨스토이에게 이런 고통과 아픔이 있었다니! 가장 가까운 아내에게 톨스토이는 '짐승, 살인자, 미친 놈'이었다니!

  톨스토이는 이 조그만 일기장을 펼치며 종종 그 첫머리에 "내가 아직도 살아 있다니!'라고 쓰고 있다. "내가 아직도 살아 있다니!' —삶의 허무와 절망, 주변의 모든 사람들에 대한 환멸이 짙게 배어 있는 이 경구가, 성자라기보다는 마치 광인 같은 톨스토이의 마지막 모습과 겹치면서 지금도 내 귓전과 마음을 때린다.

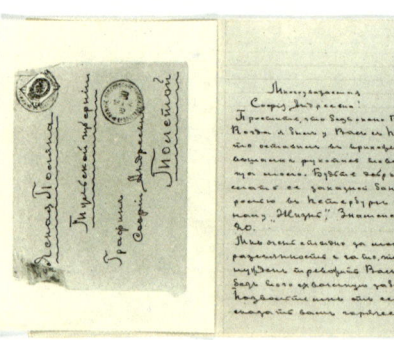
막심 고리키가 소피아 안드레예브나에게 보낸 편지. 1900년 10월 18일.

톨스토이의 마지막 10일—가출·병·죽음 *

1910년 10월 28일~11월 7일

---

* 이 텍스트는 L. N. 톨스토이의 마지막 며칠을 지켜본 A. L. 톨스타야, D. P. 마코비츠키, A. P. 세르게엔코, V. G. 체르트코프와 다른 목격자들의 말로 구성되었다. 삽화는 V. I. 로신스키가 그렸다.

"이날 밤에 나와 바르바라 이바노브나는[46] 오랫동안 잠을 이룰 수 없었어요. 우리의 머리 위, 위층에서 나는 조용한 발걸음 소리에 무의식적으로 귀를 기울이고 흥분하다 보니 벌써 아침 무렵이었어요. 그때 마침 우리는 왠지 깊은 잠에 빠져 버렸어요."

알렉산드라 리보브나 톨스타야가 이야기했다.

"우리는 방문 두드리는 소리에 잠에서 깨어났습니다. 난 벌떡 일어나 소리쳤어요.

―누구세요?

―나다, 레프 니콜라예비치.

나는 문을 열었습니다. 옷을 입은 아버지가 한 손에 양초를 들고 문옆에 서 있었어요.

―지금 여길 아주 떠나련다.

―혼자서요?

난 이렇게만 물었죠.

―아니다. 마코비츠키를 데리고 갈 거야. 올라와서 짐 싸는 걸 도와다오.

이렇게 말하고 아버지는 되돌아갔어요.

우리는 재빨리 옷을 입고 말없이 위층으로 갔어요. 아버지의 서재에서 두샨 페트로비치가 짐을 싸고 있었어요. 아버지는 불필요한 것을 가져갈까봐 몹시 걱정했죠. 아버지는 당신 연필을 싸는 걸 잊지 말라고 몇 번이

---

[46] 바르바라 미하일로브나 페오크리토바(1875-1950): A. L. 톨스타야의 친구로 톨스토이 집에서 타이피스트로 일했다.

나 내게 말했어요. 사람들이 우리가 말하는 걸 들을지도 모른다고 내가 걱정하자, 아버지는 어머니 방으로 통하는 문을 이미 잠갔다고 말했어요. 아버지는 갖고 갈 것을 아주 차분하게 고르면서 천천히 짐을 꾸렸고, 놓고 가는 원고를 가리키며 나중에 그걸 정리하라고 말했어요. 토막토막 끊어지는 목소리로만 아버지의 흥분을 알 수 있었죠. 모든 준비가 끝나자 아버지는 이제 마차에 말을 매도록 마부를 깨우러 앞서 가겠노라고 말하고 밖으로 나갔어요. 우리는 아버지를 뒤따라 현관으로 내려왔다가 모자를 쓰지 않고 되돌아오는 아버지를 만났어요.
ㅡ몹시 어둡구나. 아카시아 나무에 부딪혀 넘어져서 모자를 잃어버렸어…… 어서 다른 모자를 다오…….
우리는 모자 몇 개를 찾아냈고, 아버지는 그중 가장 평범한 모자를 집어들고 다시 떠났어요…… 나는 아버지를 설득해서 플래시를 갖고 가도록 했지요."

사과밭 너머, 야스나야 폴랴나 쪽으로 내려가는 계곡 끝자락에 마부가 사는 초가집이 있었다.

"아침 무렵이었지만 아직 아주 어두웠슈. 그때 누가 우리 집 창문을 두들겼어유."
마부 안드리안이 말했다.
"난 소리쳤지유."
ㅡ게 누구슈?
ㅡ나야.

난 사람의 목소리를 듣고 문 쪽으로 다가가 다시 물었슈.

― 게 누구슈?

― 나야, 레프 니콜라예비치.

난 문을 열고 늙으신 백작을 보았지유.

― 어서 가서 마차에 말을 매라.

이렇게 백작님이 말했슈.

난 필랴를 깨웠고, 우린 마구간으로 달려갔슈. 레프 니콜라예비치는 이미 의사와 함께 거기에 와 있었어유. 의사는 짐을 들고 있었구유. 우린 마차에 말을 매기 시작했는디, 니콜라예비치가 손수 도와주면서 두샨 페트로비치에게 서두르며 말했슈.

― 좀더 서둘러야 하네. 안 그러면 살아 있는 사람을 보지 못할 거야.

그래서 우린 무슨 연락이 온 줄 알았고, 누가 죽어 가구 있나 보다……고 생각했지유. 잠시 후 그분들은 프랑스 말로 더 많이 얘기했슈. 이때 알렉산드라 리보브나와 바르바라 미하일로브나가 왔는데, 역시 짐을 들고 있었슈."

"우린 여전히 현관에서 짐을 싸고 있었어요."

알렉산드라 리보브나가 말했다.

"그때 아버지가 다시 돌아와서 마차에 말을 매라고 지시했고, 빨리 서둘러서 짐을 갖고 가야 한다고 말했지요. 우린 짐을 끌고 갔어요. 아버지가 앞장서 갔는데, 아버진 이따금 내가 준 플래시를 켰어요. 아버지는 항상 인간의 모든 노동을 조심스럽게 대해야만 한다고 말했죠. 아버지는 플래시 같은 인간의 발명품에도 존경심을 내보였고, 이런 걸 아껴 사용해야

만 한다고 말했어요. 나와 바르바라 미하일로브나는 무거운 짐을 간신히 끌고 갔어요. 마구간 근처에서 아버진 다시 앞장서서 갔어요. 마차에 말을 매고 있던 마차 창고에 우리가 다다랐을 땐 이미 수레 채 하나가 매어져 있었어요. 아버진 두 번째 수레 채를 매는 걸 도와주고 있었는데, 흥분해서인지 손이 떨리고 있었어요. 아버진 말의 굴레에 고리를 채울 수 없어서, 그냥 그걸 내버려 둔 채 그 자리에 있던 여행용 손가방 위에 앉았어요. 아버진 몹시 흥분해서 일을 서둘렀고, 만일 사람들이 우리 얘기를 듣게 되면 소동 없이는 떠날 수 없다고 계속 말했어요."

……마침내 모든 게 준비되었다. 우리는 마차에 올라탔다. 감기에 걸리지 않도록 레프 니콜라예비치는 반외투를 입었고, 우린 긴 상의를 걸쳐 입었다. 필카가 횃불을 켰고, 외눈의 짙은 갈색 말을 타고 앞장 서 갔다…… 집 부근을 지나지 않기 위해 우린 과수원을 지나 곧장 갔다…… 막 다섯 시가 지나고 있었지만 아직도 매우 어두웠다. 길을 잃지 않고 무언가에 부딪히지 않도록, 그리고 녹은 가을 진창길 속에 마차가 빠지지 않도록 필카가 연기나는 횃불로 길을 환하게 비추며 앞에서 말을 했다. 우린 아직 잠들어 있는 마을을 빨리 지나갔다. 그러나 마을 어귀에서 필카가 탄 말의 굴레가 풀어졌다. 모두가 멈추었다. 마코비츠키가 필카를 돕기 위해 급히 마차에서 뛰어내렸다. 시끄럽고 어수선한 소리와 횃불의 불빛을 보고 선잠을 자고 있던 부근 농가의 농부들이 잠에서 깨어나 농가에서 기어나왔다. 그러나 모든 것이 이미 해결되었다. 마코비츠키는 2인승 무개 사륜마차로 돌아가서 더 멀리 갔다. 마을 가까이에서 대로로 난 샛길을 벗어나자 안드리안이 말했다.

— 레프 니콜라예비치, 이제 필랴를 돌려보내도 되유. 다 와 가거든유.
— 그렇게 말하니 고마운 일이다. 나도 그렇게 생각했는데 왠지 말이 안 나왔다.

레프 니콜라예비치가 말했다. 우리는 필랴를 집으로 돌려보냈다.

우리가 시체키노 역에 다다랐을 땐 이미 날이 훤하게 밝았다. 작은 역에는 승객이 하나도 없었다. 잠이 덜 깬 간이식당 주인이 잠시 후에 도착할 기차를 대비해 음식을 준비하고 있었다.

— 코젤스크와 수히니치 중 어디가 더 가깝지요?

레프 니콜라예비치가 간이식당 주인에게 이렇게 물었고, 주인의 대답을 듣고 나서 일급 대합실이라고 적힌 방 안으로 들어갔다. 의사는 기차표를 사러 서둘러 갔다······.

기차표를 끊고 짐을 처리한 두샨 페트로비치가 돌아와서 보니 레프 니콜라예비치가 보이지 않았다. 두샨이 플랫폼으로 나가 보니 톨스토이는 신호기 주변의 노상을 걷고 있었다. 그는 기차가 도착할 때까지 계속 그곳을 서성이면서 뭔가에 대해 너무 골똘히 생각하느라고 이미 역에 도착한 기차가 이제 막 떠나려고 하는 것도 알지 못한 듯했다.

"난 뛰어가서 그를 불렀죠."

두샨 페트로비치가 말했다.

"우린 간신히 움직이는 기차에 뛰어올랐어요. 그런데 우린 표가 없었어요. 아니, 더 정확하게 말하면, 우린 표가 있었지만, 툴라에서 오는 기차가 아니라 툴라로 가는 기차를 탈 수 있는 표였어요. 야스나야 폴랴나에서 우릴 추적할 경우 흔적을 없애려고 일부러 그랬던 거죠. 우리는 중간

의 어느 기차역에서 코젤스크까지 가는 표를 끊었어요. 우리는 환승역인 고르바체프 역까지 무사히 가서 코젤스크로 가는 기차로 갈아탔지요. 이건 3등 차량 하나가 달랑 달린 이상한 반^半객차 겸 반^半화물열차였는데, 일하러 가는 사람들로 바글바글댔어요. 우린 간신히 자리를 찾아냈지요. 객실 안은 답답했고, 모두가 담배를 피워댔고, 대부분이 술에 취해 욕지거리를 해댔어요. 레프 니콜라예비치가 승강구로 나갔는데, 거기에도 사람들이 있었죠……. 레프 니콜라예비치는 접는 의자를 펴서 자리에 놓고 그 위에 앉았어요. 우리는 이렇게 코젤스크까지 갔습니다. 저녁 무렵에 우린 코젤스크에 도착했고, 역에서 마차를 두 대 잡았어요. 하나는 짐을 싣고, 하나는 우리가 타고 갈 거였죠. 오프티나 수도원에서 하룻밤을 보내고 샤모르디노로 갈 생각이었었습니다."

오프티나 수도원의 숙사에 도착했을 땐 이미 사방이 깜깜했다. 숙사 관리인인 미하일 신부가 모든 손님에게 하듯이 밖으로 나와서 우리를 맞이했다.

— 난 톨스토이입니다.

레프 니콜라예비치가 그에게 말했다.

— 내가 찾아와서 불편하지 않을지 모르겠습니다.

— 어서 오십시오, 우린 모든 손님들을 환영합니다.

숙사에서 우린 방을 두 개 차지했다. 하나는 레프 니콜라예비치의 방이고, 다른 하나는 마코비츠키의 방이었다.

"열 시쯤에 레프 니콜라예비치가 잉크와 뭐라도 좋으니 연필을 놓을

수 있는 것을 달라고 부탁했습니다."

미하일 신부가 말했다.

"난 사람들이 연필을 꽂아 놓았던 이 반듯한 작은 컵을 그분에게 갖다 주었고(이건 우리 수도원에서 만든 겁니다), 그분은 컵에 연필을 꽂아 놓았어요. 그분 옆에 있는 책상 위에 불 켜진 램프와 양초가 놓여 있었고, 종이가 펼쳐져 있었어요. 그분은 내게 앉으라고 권하고는 수도원 생활이 어떤지, 내가 여기 온 지 오래되었는지, 왜 내가 수도원 생활을 하고 있는지― 이것저것 물어보았습니다. 그러고 나서 아침에 사모바르를 가져다 달라고 부탁했어요. 의사는 그분과 같이 있지 않았고, 자기 방에 있었어요. 내가 물러나오자 그분은 뭔가 쓰기 시작했습니다. 다음날 아침 일찍 나는 복도에서 그분과 만났어요. 그분은 가벼운 외투를(레프 니콜라예비치는 아침마다 실내복 대신에 이따금 가벼운 여름 외투를 입곤 했다.) 입고 있었는데, 더러운 물통을 손수 나르고 있었어요."

"29일, 아침 일찍 도착해서 수도원 숙사의 복도를 따라 걷다가," 하고 A. P. 세르게옌코가 말했다.

"나는 복도 안쪽에서 손에 뭔가를 들고 걸어오는 레프 니콜라예비치를 만났지요.

― 편히 주무셨어요, 레프 니콜라예비치!

그와 나란히 걸으면서 내가 말했습니다. 그는 나를 힐끗 쳐다보고 어쩐지 유난히 정중하게 내 인사에 답을 했어요. 난 그가 날 알아보지 못했다고 생각했죠. 이미 저만치 지나가다가, 그는 뒤돌아서 날 다시 바라보고는 말했어요.

— 아, 자네군…… 어떻게 여기 왔나?

나는 그의 집안 식구들의 부탁을 받고 왔다고 말했죠. 레프 니콜라예비치는 뭔가 잠시 생각하더니 날더러 자기 방으로 들어오라고 권했어요. 그가 혼자 쓰는 방 안으로 들어가자, 그는 날 바라보며 말했습니다.

— 마침, 이렇게 왔으니 자네 할 일이 있네. 여기 이 쪽지에 쓴 걸 좀 정서해 주게.

그는 내게 조그만 메모장을 건넸어요. 그곳엔 사형에 관한 에세이의 첫 부분이 씌어 있었습니다. 나는 즉시 자리에 앉아 정서하기 시작했어요. 내가 다 옮겨 쓰자, 그는 그 다음을 계속 받아적게 했어요. 확신에 차서 에세이의 내용을 받아적게 하는 걸 보면, 그는 이미 이 에세이를 오랫동안 생각해 왔고, 그 내용과 형식이 이미 머릿속에 있었던 것이 분명했어요. 받아쓰게 하는 걸 끝내고, 그는 식구들이 자기의 가출 소식을 어떻게 받아들였느냐고 묻기 시작했어요. 나는 내가 알고 있는 걸 이야기했습니다. 그는 생각에 잠겨 듣고 있다가…… 내가 이야기를 끝내자 날 빤히 바라보면서 어쩐지 유난히 단호한 목소리로 말했어요.

— 음, 난 절대로 돌아갈 수 없어. 난 자유롭고 싶어. 수도원에서 살고 싶고, 수도원에서 살 거야. 카프카스에 가고 싶고, 그곳에 갈 거야. 지금껏 참아왔지만 이제 더 참을 수 없고, 참고 싶지도 않아.

이렇게 말하고 나서 그는 자리에서 일어나 말했어요.

— 자, 이제 잠자리에 들게나. 푹 자길 바라네.

실제로 난 밤에 한숨도 자지 못했습니다. 그래서 나는 즉시 그의 권고를 받아들였어요. 레프 니콜라예비치는 옷을 입고 밖으로 나갔지요.

"이날, 두 번이나 레프 니콜라예비치는 장로들이 있는 수도원의 암자 근처에 갔다왔습니다."

두샨 페트로비치 마코비츠키가 말했다.

"두 번 다 암자에 들르지 않고, 약간 망설이는 듯하면서 암자에서 돌아왔어요. 장로들에게 들르지 않겠냐고 내가 묻자 그는 '부르면 가지' 하고 대답했어요."

톨스토이는 암자에 초대를 받지 못했다. 톨스토이는 이오시프 장로에 대해 관심이 많았고, 그를 사랑했다. 두샨 페트로비치가 방문했을 때 이오시프 장로도 레프 톨스토이에 대해 호감을 보였다. 그러나 그들의 만남은 이루어지지 않았다. 이날 두 시에 우리는 샤모르디노 수도원으로 갔다. 오프티나 수도원의 숙사를 떠나기 전에 미하일 신부가 레프 니콜라예비치에게 숙박부에 서명해 달라고 부탁했다. 이 때 레프 니콜라예비치는 잘못 적었다. 그 후, 미하일 신부는 톨스토이의 이름이 적힌 숙박부를 보여주면서 잘못 표기된 부분을 보여주었다. 레프 니콜라예비치는 다른 방문자들의 이름이 적힌 숙박부에 자신의 이름을 분명하게 썼는데, 자기 나이를 적는 곳에 나이를 적지 않고 오프티나 수도원에서 나온 날짜를 적었던 것이다. 그래서 '레프 톨스토이는 29살' 이 된 것이었다.

톨스토이는 전에도 이러길 좋아했듯이 다른 사람들을 기다리지 않고 혼자서 나루터로 걸어갔다. 마코비츠키와 세르게옌코가 그곳으로 가서 보니 톨스토이는 이미 나룻배에 올라타서 주변에 있는 수도사들과 대화를 나누고 있었다.

"강을 건너서 우리는 세 대의 마차에 나누어 탔지요."
세르게옌코가 말했다.
"맨 앞에 레프 니콜라예비치가 혼자서 마차를 타고 갔고, 두 번째 마차에는 나와 마코비츠키가 탔고, 세 번째 마차에는 짐을 실었지요."

오프티나 수도원 소유의 목장을 벗어나자마자 눈앞에 나타나서 거의 샤모르디노까지 가서 꺾어지는 오래된 대로를 따라 길을 가면서, 레프 니콜라예비치는 전형적인 러시아 마부인 코젤스크 출신의 표도르와 얘기도 하고, 대로의 양옆에 늘어선 가지가 축 늘어진 오래된 버드나무나 '수세미 아래' 짚 이엉으로 예쁘게 이은, 시골의 초가집들에 탄성을 지르기도 했다. 우리가 샤모르디노에 이르렀을 땐 벌써 어두워지기 시작했다.
샤모르디노에서 우리들 모두 우선 숙소에 머물렀다. 곧 레프 니콜라예비치는 풀밭과 강 아래쪽으로 내려가는, 수풀이 무성하게 우거진 험준한 절벽 끝 외딴집에서 살고 있는 누이 마리야 니콜라예브나에게 혼자서 갔다.
— 그래, 미셴카, 이제 우리는 자주 만나게 될 거야…… 너에게 아주 왔어. 너와 함께 살 거야.
레프 니콜라예비치는 이렇게 사랑하는 누이에게 자기가 야스나야 폴랴나에서 떠나왔음을 알렸다.

"그는 왠지 유난히 생기에 차서, 즐거워하기까지 했습니다."
마리야 니콜라예브나가 말했다.
"레프가 때맞추어 도착해서 식사를 하려고 우리 집 식탁에 앉았는데,

그렇게 생기에 차고 즐거워하는 모습을 오랫동안 본 적이 없었어요. 그는 농담을 했고 나와 내 딸 오볼렌스카야에게 많은 이야기를 했어요. 그러고 나서 쓸쓸하고 작은 내 방에서, 자신이 가출을 결행한 후에 얼마나 행복한지, 앞으로의 소망은 무엇인지를 말해주었어요."

"나는 다시 텔랴틴키로 돌아가기 위해 코젤스크로 급히 돌아가야 했습니다."

계속해서 세르게옌코가 말했다.

"그래서 레프 니콜라예비치와 작별인사를 하려고 잠깐 들렀지요. 그는 마리야 니콜라예브나의 작은 집의 어둡고 좁은 복도에서 날 데리고 나왔어요. 서로의 얼굴도 알아보기 힘든 곳이었는데, 그곳에서 나는 눈물에 젖어 떨리는 그의 목소리를 들었습니다.

— 그들에게 말해주게…… 나는 아주 좋다고…… 누이가 아주 잘해준다고.

짓눌린 듯한 흐느낌 같은 소리가 울렸어요. 그는 돌아서서 재빨리 자기 방으로 갔지요.

레프 니콜라예비치는 늦은 저녁까지 누이의 집에 있다가 숙사의 방으로 돌아와서는, 오프티나 수도원에서처럼 방을 따로 잡았다. 그는 초와 램프, 그리고 무엇이든지 연필을 꽂을 수 있는 것을 달라고 부탁했고, 아침 9시경에 사모바르를 가져다달라고 부탁했다.

"내가 아침에 방을 정돈하기 위해 그의 방에 들렀을 때입니다."

샤모르디노 수도원 숙사의 관리인이 말했다.

"나는 뭔가 가득히 쓴 종이와 백지들이 몇 다발로 잘 묶여진 채 책상 위에 놓여져 있는 것을 보았습니다. 찻잔에는 뾰족하게 깎은 연필들이 꽂혀 있었어요. 이 모든 것으로 보아 레프 니콜라예비치는 일을 하면서 거의 밤을 샌 듯했습니다."

다음날 레프 니콜라예비치는 집에서처럼 같은 시간에 일어나서 늘상 하는 아침 산책을 나갔다. 수도원 옆에 사는 샤모르디노 마을의 농부이자 목수인 쿠지마 트로피모프는 수도원의 일터로 가다가 마을 어귀에서 레프 니콜라예비치와 마주쳤다. 레프는 쿠지마를 보고 그가 이 마을 사람임을 알아채고는 이 마을에서 자기가 살 아파트를 구할 수 있느냐고 물었다. 트로피모프는 마을에 아파트가 있다고 말하고는 레프 니콜라예비치에게 물었다.

— 그런데 가족들과 함께 살 건지유?

— 아니오, 친구와 둘이서 살 겁니다.

— 수도원에서 숙소를 구하는 게 더 나을 텐데유. 수도원이 좀더 깨끗하고, 더 안전하지유. 그런데, 오래 계실 거유?

레프 니콜라예비치는 시골에서 살기를 원하며, 오래 머물고 싶다고 말했다. 그래서 농부와 톨스토이는 마을로 갔다. 먼저 농부의 집을 둘러봤으나 그곳은 약간 지저분했다. 농부의 집을 보고 그 옆에 살고 있는 과부의 집으로 갔다. 레프 니콜라예비치는 그 과부의 집이 마음에 들었다. 그래서 그녀에게 아파트 값이 얼마인지 물었다.

— 3루블 주슈.

과부가 말했다.

― 좋아요, 3루블 주겠습니다.

레프 니콜라예비치가 동의했다.

― 일요일에 들르리다.

그러나 그는 자신이 앞으로 살게 될 아파트의 여주인을 방문할 수 없게 되었다.

바로 이날, 샤모르디노에 바르바라 미하일로브나와 함께 알렉산드라 리보브나가 온 것이었다.

그들이 샤모르디노에 온 이후, 더 이상 샤모르디노에 있으면 안 되고 더 멀리 가야만 한다는 것이 분명해졌다.

"그래서 우리 모두 마리야 니콜라예브나의 집에 모였습니다."

알렉산드라 리보브나가 말했다.

"어디로 갈지 생각하기 시작했죠. 많은 안들이 나왔어요. 카프카스나 해외로 가자는 안이 있었고, 마침내 인적이 드문 더 먼 곳으로 가자는 안도 나왔어요…… 아버지는 어디든 야스나야 폴랴나로부터 멀리 가기만 하면 되고, 그러면 모든 사람들로부터 완전히 숨어 버릴 수 있을 거라고 생각했어요. 여기에서도 다시 한번 아버지가 자기 자신에 대해 가졌던 소박한 생각이 나타났어요. 그는 항상 자신을 어린아이라고 생각했고, 사람들로부터 쉽게 숨어 버릴 수 있을 거라고 생각했지요. 그러나 우린 어떤 결정도 내리지 못했어요. 숙사의 방으로 돌아온 두샨 페트로비치는 더 멀리 어디로 갈 건지 깊이 생각해보라고 아버지에게 다시 말했어요."

― 나는 곰곰이 생각하는 걸 아주 싫어해.

아버지가 우리에게 대답했습니다.

— 모든 것이 저절로 될 거야.

아버지는 뒤돌아서 당신 방으로 갔어요. 그러나 몇 분이 지나지 않아 되돌아와서 여행 안내서와 지도를 달라고 했습니다. 우리는 다시 앞으로의 여행에 대해 곰곰이 생각하기 시작했지만, 다시 마리야 니콜라예브나의 집에서처럼 어떤 결정도 내리지 못했어요. 아버지는 인사를 하고 당신 방으로 갔어요. 새벽 4시경에 아버지는 야스나야 폴랴나에서처럼 갑자기 우리를 깨웠고, 지금 당장 짐을 꾸려서 떠나야 한다고 말했어요. 서두르는 바람에 소동이 일어났죠. 바르바라 미하일로브나와 내가 타고 온 말과 수도원에 우연히 남아 있던 말들 말고는 말이 없었어요. 마을로 사람을 보냈죠. 또 마리야 니콜라예브나에게 사람을 보내 우리가 떠난다고 알리라고 했구요. 우리가 있는 숙소까지 오려면 그녀도 말에 마구를 채워야 했는데, 그녀의 마부가 왠지 우물쭈물댔어요. 그때 우리가 마을에서 데려온 마부가 와서 자신의 반개 사륜마차가 고장났다고 말했어요. 그래서 나는 가장 좋은 방법은 지금 즉시 아버지가 있는 말들을 타고 두샨 페트로비치와 앞서 떠나면, 우리가 뒤쫓아가는 것이라고 말했죠. 우리들은 그렇게 하기로 했어요. 아버지와 마코비츠키가 앞서 떠났고, 우리는 남아서 말들이 준비될 때까지 기다렸어요. 그때 마리야 니콜라예브나가 나타났습니다. 그녀는 아버지가 이미 떠났다는 것을 알고 나서, 처음엔 '어떻게 나에게 작별인사도 하지 않고 갈 수가 있어!'라고 소리쳤지요. 그러나 곧 톨스토이의 여동생다운, 유별나게 단호한 목소리로 '뭐, 어쨌든 톨스토이가 와 주어서 아주 기뻤어'라고 덧붙였어요.

아버지가 출발한 지 벌써 두 시간쯤 지났어요. 우리가 출발할 수 있게

되었을 때, 우리는 늦지 않을까 걱정하면서 그들을 뒤쫓아 나는 듯이 달려갔죠. 그들이 우리보다 몇 시간 전에 출발했지만, 우리는 역에 거의 다다를 무렵에 그들을 발견했어요. 그들은 지친 말을 타고 나쁜 길을 따라 겨우겨우 가고 있었어요. 우리를 발견하고 나서 아버지는 반갑게 손을 흔들었습니다. 우리들과 나란히 길을 가게 되었을 때, 아버지가 소리쳤어요.

— 너희들이 서두르지 않을까봐 몹시 걱정했다.

그때 나는 우리가 타야만 하는 기차가 역으로 들어오면서 내는 기적 소리를 들었어요. 우리는 표도 끊지 않고 간신히 열차에 뛰어 올라탔어요. 그리고 마침내 로스토프—나—돈까지 가기로 결정했는데, 그때까지 우리는 기차를 타고 가면서 한 역에서 다음 역까지 가는 기차표를 여러 번 끊어야만 했죠.

코젤스크 역에서부터 우리는 아버지의 신분을 숨기기 위해, 또 아버지가 좋아하는 대로 혼자 있을 수 있도록 2등 객실을 타고 갔습니다. 아버지를 쿠페에 모시고 우리는 일반 객실에 탔죠. 때마침 사람들이 톨스토이가 야스나야 폴랴나를 떠났다는 이야기를 하고 있었어요. 사람들이 나와 바르바라 미하일로브나를 몰랐기 때문에 우리는 사람들 사이에 앉아서 흥미로운 이야기를 많이 들을 수 있었죠. 열차의 승무원이 아버지를 알아보고 나서 아버지에게 많은 관심을 보였어요. 승무원은 나에게 승무원 전용칸에서 알코올램프를 켜고 아버지를 위해 야채 수프를 만들 수 있도록 해주었어요. 아버지는 오랜만에 야채 수프를 맛있게 드셨어요. 열차의 승객들이 톨스토이가 자기들과 함께 열차를 타고 간다는 사실을 알았을 때, 많은 사람들이 톨스토이가 어디에 탔느냐고 물었어요. 차장은 톨스토이가 이미 오래전에 내렸다고 잡아뗐어요. 아주 다행스럽게 우리는 더 멀리까지 갈 수 있었어요. 세 시경에 아버지는 갑자기 등이 시리다고 호소하기 시작했어요. 우리는 아버지를 설득해서 눕도록 했어요…….

처음에 우리는 아버지의 이 호소에 대해 특별히 걱정하지 않았죠. 왜냐하면 열차 안은 대체로 추웠기 때문이었어요. 그러나 얼마 후 아버지의 오한이 심해졌고, 체온을 재보니 38.1도로 무척 높다는 것을 알았어요. 우리는 곧 당황했고, 나는 왠지 갑자기 모든 것이 끝났다고 느꼈습니다. 우리가 어디에서 내릴 수 있는지 알아보았죠. 처음엔 보고야블렌스크에서 내려야겠다고 생각했다가, 잠시 후 아스타포보에 외래환자 진료소가 있다는 말을 듣고, 그곳에서 내리기로 결정했어요.

아스타포보에 도착하자마자 두샨 페트로비치가 역장을 찾으러 갔고 우리는 객실에 남아 있었죠. 곧 두샨 페트로비치가 돌아와서 여기에서 내릴 수 있고, 역장이 자신의 아파트를 제공할 거라고 말했어요. 기차가 멈추어 있는 동안 우리는 객실에서 내리기 시작했어요. 나와 두샨이 아버지를 부축했어요. 우리는 우선 여성 대합실로 갔습니다. 바르바라 미하일로브나는 I. I. 오졸린[47]과 함께 미리 그의 아파트로 가서 우리가 들어갈 수 있도록 준비하기로 했어요. 역에 있던 승객들과 근무자들 사이에 톨스토이가 이곳에서 내려 지금 여성 대합실에 있다는 것이 알려졌어요. 모든 사람들이 여성 대합실의 문앞으로 떼를 지어 밀려왔어요…….

---

47) 이반 이바노비치 오졸린(1872~1913)은 랴잔─우랄 노선의 아스타포보 역장이다. 그는 톨스토이의 마지막 며칠에 대한 인상을 '톨스토이의 마지막 안식처'란 제목으로 《러시아 통보》(1912년 11월 7일)에 발표했다.

알렉산드라 리보브나는 문가에 서서 호기심 많은 사람들 중에 누군가가 방으로 들어올까봐 한 손으로 문을 잡고 있어야만 했다. 그 사이에 오졸린네 가족들 모두의 친절한 협조로 그들의 아파트에서 가장 큰 방이 원래 객실에서 침실로, 더 정확히 말해서 환자를 눕힐 수 있는 방으로 변했다. 쓸데없는 가구들은 모두 끄집어냈고 그 자리에 침대를 놓았다. 침대는 칸막이로 가려졌다. 침대 끝에는 폭신한 안락의자를 놓았고, 침대 머리맡에는 작은 책상을 놓아두었다. 레프 니콜라예비치가 와서 누울 수 있게끔 만만의 준비가 다 되었을 때, 두샨 페트로비치와 바르바라 미하일로브나가 달려와서 이제 가도 된다고 말했다.

레프 니콜라예비치가 여성 대합실에서 모습을 드러내고, 알렉산드라 리보브나와 두샨 페트로비치의 부축을 받아 역장의 아파트로 걸어갈 때, 모여 있던 근무자들과 대중들이 톨스토이에게 인사를 했다. 톨스토이는 자신이 몹시 허약해졌다고 느꼈지만 기운을 냈다. 톨스토이는 힘겹게 걸음을 옮기면서도 모두의 도움을 만류하고 스스로 걸으려고 노력했다. 이렇게 우리는 오졸린의 집으로 갔다. 레프 니콜라예비치는 안락의자까지 걸어가서 앉았다. 톨스토이는 주위 사람들의 간곡한 권유를 받아들이고, 주변 사람들에게 '모두 편안히 쉬라' 고 말하면서 옷을 벗고 침대에 누웠다.

사람들은 톨스토이를 위해 침대 곁에 작은 탁자를 놓았고, 성냥, 그의 회중시계, 가루치약용 양철통을 놓아두었다. 그는 양철통 속에 자신에게 필요한 종이들을 숨겨두었다. 아침에…… 체온이 정상으로 돌아왔다. 모두가 안심을 했다. 레프 니콜라예비치는 길을 계속 가야 한다고 말하기 시작했다. 바르바라 미하일로브나가 그가 누워 있는 방에 흩어져 있던 짐을 옮기려는 걸 보고, 톨스토이가 오늘 더 멀리 가야 하니까 짐을 건드리지 말라고 말했다. 그러나 곧 오한이 나타났다. 지방 의사를 불렀다. 레프 니콜라예비치를 진찰한 의사는 톨스토이의 동행인들에게 자기가 볼 때 이것은 폐렴의 시작이라고 말했다. 향후의 여행에 대해 아무것도 생각할 수가 없었다. 레프 니콜라예비치의 바람대로 체르트코프에게 전보를 보냈다.

"11월 1일, 오후 3시가 넘어서 나는 거의 동시에 두 통의 전보를 받았습니다."

V. G. 체르트코프가 말했다.

"하나는 아스타포보의 레프 니콜라예비치로부터 온 것이었는데 이런 내용이었어요. '어제 병이 났고, 승객들이 내가 기차에서 내려 힘 없이 걸어가는 걸 보았네. 널리 알려질까봐 걱정이네. 오늘은 좀 기분이 좋아. 우린 더 멀리 갈 거네. 조치를 취하게나. 소식 전하고. 니콜라예프.' (니콜라예프는 그들 사이에 약속된, 레프 니콜라예비치의 필명이다.) 다른 하나는 역시 아스타포보에서 알렉산드라 리보브나 톨스타야가 보낸 것이었어요. '어제 아스타포보에서 내렸음. 고열과 인사불성이었는데 아침에는 정상 체온. 지금 다시 오한 발생. 더 길을 갈 수 없다고 생각됨. 아버지가 당신을 만나고 싶어함. 프롤로프.' (프롤로프는 알렉산드라 리보브나의 약속된 서명이다.)…… 난 11월 2일, 9시에 아스타포보에 도착했습니다. 지방 역장인 이반 이바노비치 오졸린이 날 맞이했습니다…… 그가 날 자기 아파트로 안내했는데, 난 거기에서 침대에 누워 있는 레프 니콜라예비치를 보았어요. 그는 아주 허약했지만 정신은 말짱했어요. 그는 날 보고 아주 기뻐

했고, 내게 한 손을 뻗었습니다. 난 그 손을 조심스럽게 잡고 입을 맞추었지요. 그는 눈물을 흘렸고, 곧 자기 집의 상황이 어떤지 꼬치꼬치 캐묻기 시작했어요…… 그는 소피야 안드레예브나가 자기에게 오지 못하도록 모든 조치를 취해야만 한다고 유난히 생기를 띠며 말했습니다. 그는 흥분하면서 그녀가 여기에 오려고 하느냐고 여러 번 내게 물었어요. 그때 나는, 그의 뜻을 어기면서까지 그를 만나러 여기에 오지는 않을 거라고 그녀가 공언했다고 말했습니다. 그는 크게 안도했어요. 이날은 더 이상 자신의 우려에 대해 얘기하지 않았어요."

체르트코프와 대화하면서 톨스토이는 그들 두 사람과 가까운 사람들의 안부를 물었고, 야스나야 폴랴나에서 무슨 일이 일어나고 있는지 궁금해했다. 잠시 후, 저녁 무렵에 톨스토이는 신문 기사를 읽어 달라고 부탁했다. 레프 니콜라예비치가 야스나야 폴랴나를 떠난 이유에 대해 누군가가 쓴 신문 보도를 체르트코프가 읽기 시작했다. 체르트코프는 이 기사가 실린 것은 자기가 신문에 보낸 편지 때문이라고 말했다. 그때 레프 니콜라예비치는 그 편지에 대해 관심을 보이며 그 편지를 자기에게 읽어 달라고 부탁했다. 톨스토이는 편지의 내용을 알고 나서 울음을 터뜨렸다. '아주 훌륭해' 하고 그는 감동해서 말했다. 그는 자신에 대해 쓴, 다른 신문 기사들에 대해서는 별로 관심을 보이지 않았고, 정치 면의 기사를 읽어 달라고 부탁했다. 이날 밤, 2일과 3일 사이에 소피야 안드레예브나가 다른 가족들과 함께 특급열차를 타고 도착해서 대피선에 정차해 있는, 자신이 타고 온 객차에 머물러 있었다. 레프 니콜라예비치를 흥분시킬까봐 걱정한 나머지, 그에게 가족들이 오는 것을 막았던 것이다. 다음날에야 마코비츠키가 맏딸 타티야나 리보브나 수호티나가 여기에 왔다고 톨스토이에게 말했다. 톨스토이는 타티야나를 만나고 싶다는 뜻을 내비쳤다.

— 소피야 안드레예브나의 상태가 어떤지 그애에게 묻고 싶어. 타냐[48]는 야스나야를 어떻게 떠나왔지? 내 생각엔 그애가 내게 온다고 소피야 안드레예브나에게 말하고 여기로 온 것 같아.

"그들의 만남은 아주 감동적이었습니다."
후에 V. G. 체르트코프가 말했다.
"레프 니콜라예비치는 몹시 기뻐했고, 이것저것 캐물으면서 소피야 안드레예브나의 상태에 대해 진심으로 걱정했어요. 레프 니콜라예비치는 소피야 안드레예브나가 야스나야에 있다고 생각했는데, 이 시각에 그녀는 이미 그로부터 몇 걸음 떨어진, 아스타포보 역에 정차한 객차 안에서 생활하고 있었어요."

어머니가 이곳에 와 있다고 말해 아버지를 흥분시키고 싶지 않았던 타티야나 리보브나는 아버지의 질문에 곤혹스러워하면서 아버지가 더 건강해지면 모든 것을 이야기하는 게 좋겠다고 말했다. 레프 니콜라예비치는 그녀가 모든 걸 얘기하지 않는 이유를 이해하지 못하고 대꾸했다.

"넌 내가 마음을 달래려면 이걸 알아야만 한다는 걸 잘 알고 있을 거야."

---

48) 타티야나의 애칭.

이렇게 말하고 그는 눈물을 흘렸다.
"두 사람이 대화하는 동안 나는 줄곧 그 자리에 있었습니다."
V. G. 체르트코프가 말했다.
"레프 니콜라예비치는 소피야 안드레예브나를 만나고 싶어한다는 생각이 들게끔 하는 어떤 암시도 주지 않았어요."

이날, 아침 10시경에 레프 니콜라예비치는 V. G. 체르트코프에게 책상에 놓여 있는, 항상 주머니에 넣고 다니는 메모장을 집어 들라고 했다. 그 메모장에는 빼낼 수 있게 된 메모지들이 있었다. 그 메모지들의 한쪽 끝에는 그의 사적인 비밀일기가 적혀 있었고, 반대쪽에는 보통의 큰 일기장에 옮겨 적는 개별적인 생각들이 적혀 있었다. 그는 체르트코프에게 사적인 일기장 몇 장을 찢어서 이전에 알렉산드라 리보브나와 체르트코프에게 준 것들과 함께 숨기고, 메모장의 반대쪽에 쓴 생각들을 큰 일기장에 시간을 갖고 옮겨 적으라고 부탁했다.
그러고 나서 그는 자기에게 큰 일기장을 가져다 달라고 했다. V. G. 체르트코프는 주머니에 넣고 다니는 메모장에 관해 톨스토이가 부여한 임무를 수행하러 갔고, 마코비츠키가 큰 일기장을 가져왔다.

"레프 니콜라예비치는 무릎을 접은 채 똑바로 누워 있었습니다."
두샨 페트로비치가 말했다.
"내가 일기장을 갖고 그에게 다가가자 그는 잠시 일기장을 들고 있으라고 부탁했어요. 나는 주변에 있던 두꺼운 종이를 집어들어 그 위에 일기장을 놓고는 레프 니콜라예비치의 침대 곁에 무릎을 꿇은 채 그가 쓰고

있는 동안 그걸 듣고 있었습니다.

— 바로 이게 내 계획이다. 'Fais ce que doit adv⋯⋯'[49] 모든 게 다른 사람들의 행복을 위한 것이고, 무엇보다 나 자신의 행복을 위한 것이다."

레프 니콜라예비치의 일기는 이 말과 함께 영원히 끝난다.

끝없는 나날 속에서 레프 니콜라예비치는 오랫동안 놀랍고 왕성한 활동을 했는데, 11월 3일은 완전하고 지속적인 의식 속에서 그 자신답게 관심 있는 모든 것들에 적극적인 관심을 보이며 보낸 마지막 날이었다.

"그는 이날 하루 종일 아주 활달하게 보냈습니다⋯⋯ 다소 흥분하고 마음을 터놓기까지 했어요."

V. G. 체르트코프가 말했다.

일기에 막딸 타티야나 리보브나와의 만남을 쓴 것 이외에, 그는 골덴베이제르와 I. I. 고르부노프가 온 것을 알고 그들을 보고 싶어했고, 그들과 한 사람씩 따로따로 대화를 했다⋯⋯ 그는 『인생독본』의 신판 인쇄 진행 상황에 대해 체르트코프에게 물었다. 또 사회주의에 관해 쓴 잃어버린 원고에 대해서 체르트코프에게 물었다⋯⋯ 그는 가난한 일본 농민들을 위해 500루블을 보내겠다고 제안한 모드[50](『부활』을 번역한 영국인)의 편지

---

49) '해야만 하는 것을 하고 내버려 두라'는 뜻.
50) 엘머 모드(1858-1938) : 톨스토이 작품을 영어로 옮긴 번역가로 톨스토이 작품을 영어로 출판하고, 톨스토이 전기를 썼음.

에 답장하라고 체르트코프에게 부탁했다. 그는 자기에게 온 편지에 대해 물었고, 현재 누가 그 편지에 대해 답장을 하고 있는지 궁금해했다. 체르트코프가 모든 편지를 검토하고 있고, 책은 주문했으며 '이념적인 내용의 편지'는 필요할 경우 읽어주기 위해 가져왔다고 말하자 톨스토이는 기뻐하며 편지를 읽어 달라고 부탁했다.

"나는 즉시 그렇게 했습니다."
체르트코프가 말했다.
"나는 그에게 네 통의 편지를 읽어 주었고, 편지 봉투 위에 그의 답변이나 각각의 편지에 대한 그의 견해를 적었어요. 그는 자신에게 보내온 이 마지막 편지들의 내용을 알게 되었어요."

잠시 후 톨스토이는 체르트코프에게 신문의 정치 기사를 읽어 달라고 부탁했다. 마침내 체르트코프를 데리러 보낸 뒤, 자기를 향해 다가오는 어떤 사람을 보고 물었다.
"니키틴은 어디에 있나? 그도 오라고 했는데."

"우리 둘이 몸을 숙여 톨스토이를 바라보고 서 있을 때였어요."
체르트코프가 말했다.
"그는 소피야 안드레예브나가 자기가 병이 난 것을 알고 아스타포보에 올까봐 불안하다고 말했어요. 잠시 후 그는 야스나야에 있는 자녀들에게 전보를 보내라고 부탁했습니다.
— 내가 몹시 허약하고 소피야 안드레예브나를 만나면 치명적일 수 있

다고 말하게나.

레프 니콜라예비치와 단 둘이 있을 때, 그가 흥분하면서 내게 말했어요.

— 만일 그녀가 여기에 오면 내가 그녀를 거부할 수 없다는 걸 당신은 알 거요.(그는 울음을 터뜨렸는데, 매우 고통스러워하는 것 같았다.) 만일 내가 그녀를 보게 되면 내겐 치명적이 될 거야……."

다음날, 11월 4일부터 레프 니콜라예비치의 상태와 기분이 급격히 악화되었다. 잠시 의식이 명료해졌다가 다시 헛소리를 하고 인사불성이 되었다. 이런 상태가 숨을 거둘 때까지 계속되었다.

"11월 4일 아침 일입니다."
체르트코프가 말했다.
"레프 니콜라예비치는 인사불성 상태에서 제정신을 차리고 날 알아보았고, 아주 고통스러워하면서 어쩐지 아주 상냥하고 부드럽게 내게 말했어요.

— 난 죽을 것 같아. 어쩌면 안 죽을지도 모르지. 아직 좀더 노력해야만 하는데.

이렇게 말하고 그는 눈물을 흘렸어요.
이후, 숨을 거두기 직전까지 며칠 동안 병으로 괴로워하면서 레프 니콜라예비치는 심해지는 육체적 고통을 불평하지 않고 묵묵히 참는 것이 이 순간에 자신의 당면 과제라는 걸 마치 의식하는 것 같았습니다.

……몇 시간 동안 내내 숨을 쉬고 딸꾹질을 할 때마다 나오는 신음과

커다란 한숨은 너무나 고르고 단조로워서 환자가 아주 심하게 고통을 당하고 있다는 느낌을 주지 않았어요. 이때 몹시 고통스럽지 않냐고 한두 번 묻자 그는 아니라고 대답했어요. 와병 중에 단지 몇 번 아주 심한 고통스런 발작이 나타났지요. 이럴 때 그는 몸을 부들부들 떨며 일어나 앉아 두 발을 침대에서 축 늘어뜨렸고, 우울하게 옆으로 몸서리를 치면서 힘들고 고통스럽다고 말했어요. 그러나 금방 베개에 얼굴을 파묻고 피할 수 없는 시련을 온순히 받아들이면서 조용해졌습니다."

그러나 주위 사람들이 볼 때 생명이 완전히 끊어진 것 같은 혼수상태의 순간이나 헛소리를 할 때도 갑자기 튀어나오는 말이나 행동으로 보아 습관적인 사고활동은 아직 멈추지 않은 것 같았다.

"레프 니콜라예비치는 이 며칠 동안 반듯이 누운 채, 이불의 술을 만지작거리고 작가의 습관대로 지금 마음속에 일어나는 생각의 움직임을 종이에 옮긴다고 상상하면서 종종 오른쪽 손가락을 오랫동안 움직였습니다."

V. G. 체르트코프가 말했다.

"11월 5일, 밤 2시 30분에 알렉산드라 리보브나가 '아버지가 안 좋아요'라고 말하면서 날 깨웠어요."

체르트코프가 계속 말했다.

"나는 벌떡 일어나 재킷을 걸치고 슬리퍼를 신은 다음, 내게서 세 번째 방, 즉 레프 니콜라예비치가 누워 있는 방에서 들려오는 크고 흥분된 목소리를 들었습니다. 급히 달려가서 보니 그는 침대에 비스듬히 앉아 있었

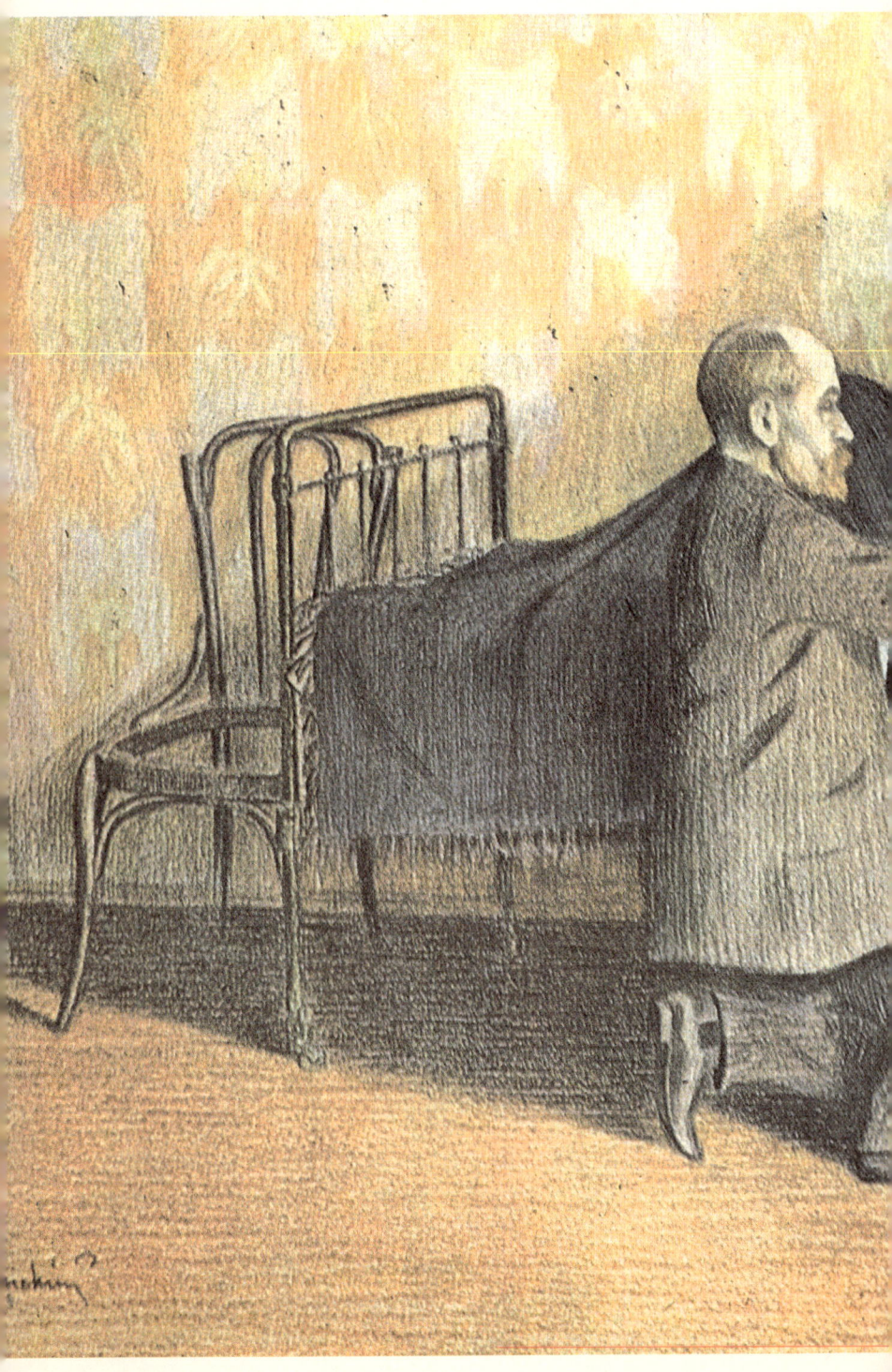

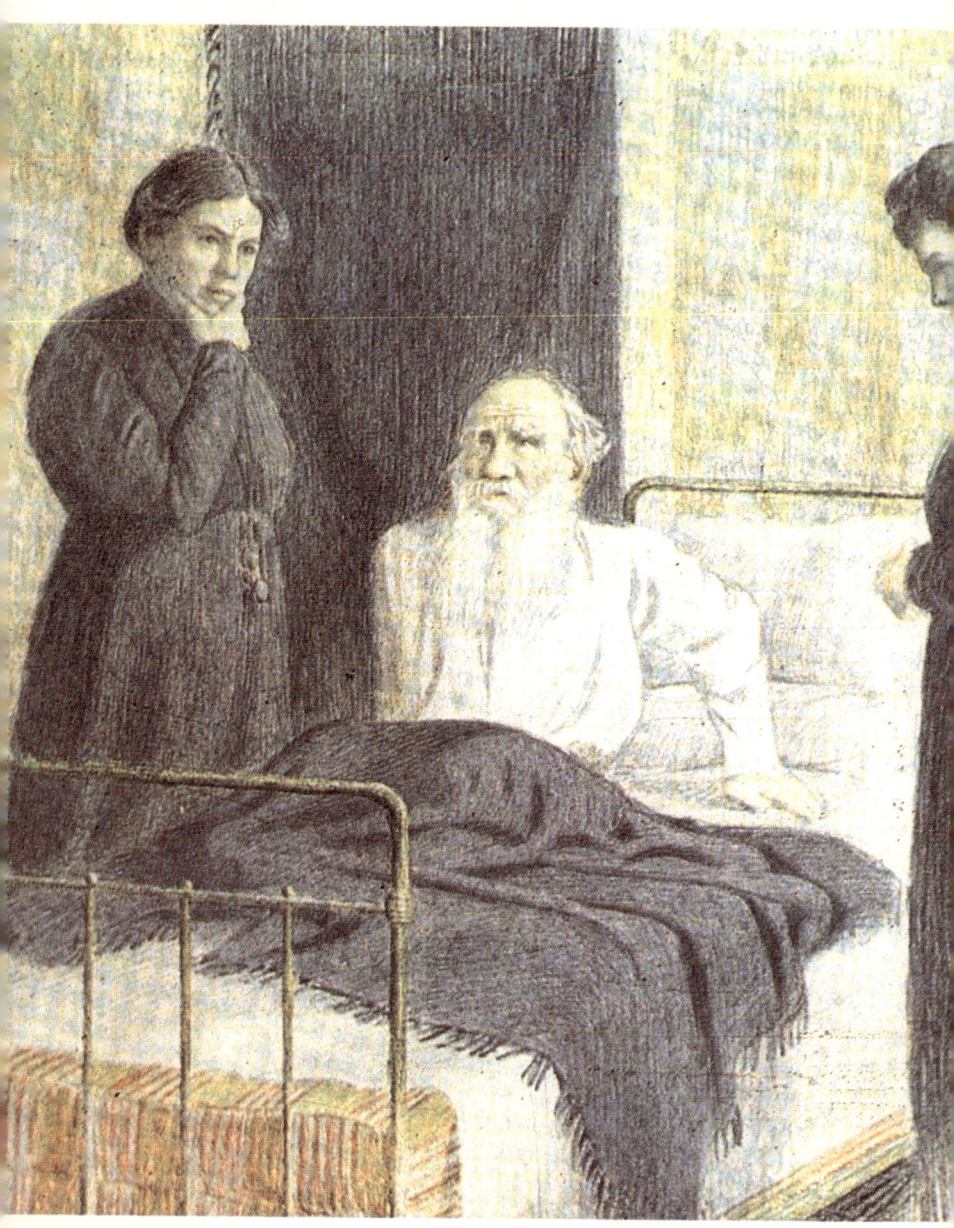

어요. 그에게로 다가가자 그는 내가 받아썼으면 좋겠다고 말했어요. 나는 메모장을 꺼냈습니다. 그는 생각을 말할 준비가 되어 있었지만, 우선 지금까지 받아쓴 것을 읽어 달라고 부탁했어요. 나는 방금 들어와서 아무것도 받아쓸 수 없었다고 그에게 말했어요. 그러자 레프 니콜라예비치는 세메노프스키 의사가 받아쓴 것을 나더러 읽어 달라고 했어요. 침대 곁에 앉아 있던 세메노프스키는 의미심장하게 날 쳐다보았고, 자기가 아무것도 받아쓰지 않았음을 보여주려고 날 향해 메모장을 보여주었어요. 그제서야 나는 레프 니콜라예비치가 헛소리를 하고 있다는 걸 알았죠. 그는 세메노프스키가 쓴 것을 읽어 달라고 더 끈질기게 요구하기 시작했습니다. 이때 세메노프스키가 일어나 조심스럽게 방에서 나갔어요.

― 제발 읽어주게나.
― 레프 니콜라예비치, 저 사람은 아무것도 쓰지 않았어요. 뭘 쓰고 싶은지 말하세요.
― 아니야. 읽어주게. 왜 안 읽어주려고 하나?
― 받아쓴 게 아무것도 없습니다.
― 아, 정말 이상하군. 여봐, 자넨 읽어주고 싶지 않은 거야.
이 고통스런 장면이 꽤 오랫동안 계속되었어요. 그때 알렉산드라 리보브나가 내 옆의 책상에 놓여 있는 책에서 아무거나 읽으라고 권유했습니다. 그건 레프 니콜라예비치가 늘 갖고 다니면서 매일 꼭 한 장(章)씩 읽었던 『인생독본』이었어요.

143

난 11월 5일에 해당하는 페이지를 찾았습니다. 내가 내용을 읽자마자, 레프 니콜라예비치는 아주 조용해졌고, 가끔 잘 듣지 못한 부분을 다시 읽어 달라고 부탁하면서 주의깊게 들었어요. 내가 읽는 동안에 그는 자신의 생각을 받아쓰도록 하기 위해 한 번도 내가 읽는 것을 끊으려고 하지 않았어요. '그건 누구의 생각이지? 하고 『인생독본』의 여러 사상에 대해 그는 여러 번 묻곤 했습니다. 나는 잠시 후에 그가 피곤할 거라고 생각하고 읽기를 그만두었습니다. 그러자 그는 내가 계속 읽지 않으려 한다는 걸 확인하려고 잠시 기다렸다가 '그래, 그거야…….' 하고 말하고, 다시 자기 생각을 받아쓰게 하려고 했습니다. 그가 다시 흥분할까봐 걱정한 나는 서둘러 읽기를 계속했어요. 그러자 그는 곧 조용히 주의깊게 귀를 기울였어요. 이런 일이 여러 번 반복되었지요. 시간이 많이 지나서 내가 목소리를 약간 낮추고 읽기를 완전히 끝냈을 때, 분명 피로해진 그가 만족스럽게 '그래, 그거야.' 하고 말하더니 완전히 조용해졌습니다."

이따금 고통의 순간이 끝나고 의식이 되돌아오는 순간에 그는 너그러운 농담을 하고 자신을 즐겁게 하는 사소한 일에 관심을 보였다. 그가 복용하는 알약들 사이에 놓여 있는 예쁜 장밋빛 병을 보고 관심을 보이며 이렇게 물었다. '이게 도대체 뭐지? 체르트코프가 치약이라고 말하자, 그는 '나는 이가 하나도 없는데.' 하고 장난스럽게 말했다.

"한번은," 하고 알렉산드라 리보브나가 말했다.
"몹시 고통스런 발작이 끝난 후 아버지가 곧 평온해졌어요. 우리는 옆방에 앉아서 열린 문 사이로 아버지를 관찰하고 있다가 갑자기 아버지가 온몸을 벌벌 떠는 것을 보고 아버지를 도와주러 다가갔어요. 그런데 아버지는 몸을 흔들며 웃고 있는 거예요.

— 아버진 말했어요…… 내게 싸락눈을 다오…… 내게 싸락눈[51]을 다오.

아버지는 계속 웃으면서 말했어요.

아버지는 다른 방에서 두샨이 평소의 습관대로 강세를 틀리게 발음하면서 어떤 가루약이냐고 묻는 걸 들었던 거예요.

그러나 잠시 후 다시 임박한 죽음에 대한 의식과 이와 관련된 생각들이 아버지를 사로잡았죠. 때론 다른 사람들에게 말을 걸고, 때론 헛소리 비슷한 말을 하면서 아버지가 이렇게 말했어요. '오, 어머니, 날 모욕하지 마세요!' '그래, 이제 됐어. 모든 게 끝났어.' '이게 끝이군, 괜찮아! 모든 게 단순하고 좋아…… 좋아…… 그래…… 그래……' '난 나 자신의 발현이야…… 발현…… 충분하다! 이제 모든 것은…….'"

"사망 하루 전에," 하고 알렉산드라 리보브나가 말했다.

"나와 타냐 둘만 아버지 곁에 있을 때, 아버지는 마치 전혀 의식이 없는 것처럼 미동도 하지 않고 누워 있었어요. 그때 갑자기 우리는 아버지가 베개에서 일어나려고 애쓰는 모습을 보았죠. 베개를 더 높이 올리고 싶은가 보다 생각하고 우리는 급히 아버지에게 다가갔지요. 이때 갑자기 아버지는 우리의 도움 없이 강하고 급격한 동작을 취하며 두 손을 짚고 침대에서 엉거주춤 일어서더니 확신에 찬 큰 목소리로 말했어요.

---

51) 싸락눈(порошки)과 가루약(порошки)은 철자는 같고 강세가 다르다. 톨스토이는 두샨이 가루약을 싸락눈으로 발음하는 걸 듣고 이런 농담을 한 것이다.

― 한 가지만 너희들에게 충고하마. 이 세상에는 레프 톨스토이 말고 많은 사람들이 있다는 걸 알아야 한다. 너희들은 나 한 사람만을 바라보고 있구나…….

타냐 언니는 눈물을 흘리며 방밖으로 뛰쳐나갔어요."

레프 톨스토이로부터 들은 마지막 말은 이랬다:
"진리…… 나는 많이 사랑한다…… 왜 그들은……."

11월 7일, 가을날 이른 아침의 어슴푸레함 속에서 숨을 거두기 몇 분 전, 이미 의식 회복의 가능성이 전혀 없을 때, 사람들은 소피야 안드레예브나를 레프 니콜라예비치의 방으로 들여보냈다. 다른 가족들과 그 시간에 아스타포보 역에 있던 가까운 사람들이 그녀와 함께 방으로 들어갔다. 방 한가운데 휑한 깊은 자리, 레프 니콜라예비치가 두 눈을 꼭 감고 똑바로 누워 있는 침대 옆의 의자에, 지금 막 일어선 의사가 내준 그 의자에 소피야 안드레예브나가 앉았다. 침대의 다른 쪽 끝에 V. G. 체르트코프가 서 있었다. 다른 사람들은 텅빈 방의 중앙은 그냥 남겨둔 채 방 옆으로 죽 늘어섰다. 레프 니콜라예비치의 맨가슴에 손을 얹은 채, V. A. 슈코프스키가 꺼져가는 숨을 느끼고 있었다.

방 안에 깃들인 정적 속에서 가볍고 거의 감지되지 않는 숨소리가 들렸다. 몇 분 후에 그 숨소리마저도 끊어졌다. "한 번 더 숨을 내쉬지." 누군가가 속삭였다. 완전히 얼어붙은 정적 사이…… 그리고 거의 들리지 않는 깊고 깊은, 길게 늘어지는 숨.

슈코프스키는 레프 니콜라예비치에게 몸을 숙였다가 즉시 몸을 일으

킨 후 가슴에서 손을 떼고 말했다.

— 숨을 거두셨습니다. 7분 전 6시라고 기록하세요.

슈코프스키는 자기 시계를 보여주면서 침대에서 물러나는 체르트코프에게 말했다.

　이 텍스트에 삽화를 그린 블라디미르 일리오도로비치 로신스키(1874~1919)는 톨스토이와—톨스토이의 삶, 개성, 창작—직접 관련된 그림을 그린 많은 화가들 중의 한 사람이다. 로신스키에게 톨스토이는 위대한 교사요 위대한 사상가요 위대한 언어예술의 거장이었다. 그는 진심으로 톨스토이를 사랑했다. 톨스토이는 이 화가의 전 생애에 걸쳐 가장 위대한 사랑이었고 이상이었다. 그러나 로신스키가 살아 있는 톨스토이를 그린다는 건 감히 생각할 수도 없었다. 젊은 무명 예술가였던 그에게 톨스토이는 전혀 도달할 수 없는 높이에 있었다.

　귀족이자 모스크바인인 V. I. 로신스키는 그 당시 최고의 교육기관인, V. D. 폴레노프가 세운 모스크바 미술 · 조각 · 건축학교를 졸업했다. 그는 I. E. 레핀의 추천을 받아 이곳으로 왔다. 그가 같은 미술반에서 L. N. 톨스토이의 딸인 T. L. 톨스타야와 L. A. 술레르진스키와 함께 공부를 했고, 그들의 충실하고 좋은 동료였다는 사실은 주목할 만하다.

　톨스토이의 사망은 전 세계를 뒤흔들었고, 로신스키의 마음도 뒤흔들어 놓았다. 또 그의 마음속에 이 죽음을 이해하고, 생애의 말년에 귀족 가정의 일상적인 생활을 버리고 민중과 함께, 민중 속에서 새로운 생활을 하기 위해 가출한 톨스토이의 비극을 이해하고 싶은 억누를 수 없는 소망을 불러일으켰다.

소심함을 극복한 뒤, 그는 일련의 삽화들을 그렸다. 그는 이 슬픈 사건을 뜨거운 마음으로 추적하면서 집중적으로 영감에 차서 삽화를 그렸다. 그는 야스나야 폴랴나를 버린 톨스토이가 간 길을 똑같이 갔고, 똑같은 장소에서 머물렀으며, 생애의 마지막 며칠 동안 톨스토이와 함께 있었던 사람들을 만났다.

A. L. 톨스타야는 로신스키의 계획적인 작업을 알게 되었다. 그녀는 이 화가의 구상을 인정했을 뿐만 아니라 그 구상이 실현될 수 있도록 도와주었다. D. P. 마코비츠키에게 보낸 그녀의 편지는 이 점을 잘 보여준다.

"사랑하는 두샨치크, 당신이 할 수 있는 모든 것을 로신스키에게 보여주고 얘기해 주세요. 그는 흥미 있는 일을 계획하고 있어요. 당신의 협조는 그에게 매우 소중할 겁니다."

1911년에 로신스키는 『톨스토이의 마지막 10일—가출 · 병 · 죽음』이란 앨범을 냈다. 색연필로 훌륭하게 그린 15개의 삽화가 이 앨범에 수록되었다. 그리 크지 않은 이 삽화들은 진실하고 극히 사실적이다. 이것은 독특한 예술적 기록이다.

"진실 자체는 너무나 환상적이어서 화가는 뭔가를 생각해내어 그 진실에 덧붙여야만 했다. 진실의 주인공의 형상은 당당해서 그를 장식해야만 했다. 이 진실의 아주 복잡하고 극히 세세한 부분까지 재현해내는 것—바로 이것이 위대한 생애의 마지막 며칠을 묘사할 때의 나의 과제였다."

로신스키는 그가 그린 삽화 시리즈에 부친 서언에 이렇게 썼다.

화가는 이 과제를 잘 수행했다. 이 앨범의 저자가 위대한 작가의 마지막 며칠 동안의 진실하고 슬픈 대서사시를 그려냈다고 생각한 동시대인들과 톨스토이의 친척들은 그의 작업을 높이 평가했다.

로신스키는 자신의 삽화에 긴 글을 부쳤다. 그 글 속에는 알렉산드라 리보브나 톨스타야, 마부 A. P. 엘리세예프, D. P. 마코비츠키, V. G. 체르트코프의 특징적인 목소리가 들어 있다. 흥분하고 불안해하고 침울한, 고통과 슬픔이 가득한 그들의 목소리는 놀랍도록 진실하고 생생하게, 문자 그대로 극적 요소로 가득한 그 며칠 동안의 진실을 전달해준다.

로신스키는 모스크바 톨스토이 협회의 회원이었다. 그는 모스크바에 있는 톨스토이 박물관 건립에 적극적으로 참여했고, 박물관의 첫 진열 작업을 위해 애썼다.

톨스토이의 테마는 생애의 마지막 순간까지 로신스키를 흥분시켰다. 그는 〈톨스토이의 무덤〉이라는 비유적인 그림을 그렸다. 이 그림의 의미는 위대한 작가

톨스토이의 초상이 새겨진 레터 나이프.

의 불멸성을 확인한 것이다. 그리고 나서 그는 다양한 시기의 톨스토이의 작은 초상화를 먹과 펜으로 열 장을 그렸고, 유화로 톨스토이의 초상화와 커다란 마포 麻布에 〈산책 중의 톨스토이〉를 그렸다. 로신스키의 딸인 T. V. 로신스카야의 말에 따르면 생애의 마지막 몇 년 동안에 로신스키는 〈위대한 사상가 전당을 갈다〉란 대형 그림에 착수했다. 그러나 1919년 6월 19일, 그의 죽음으로 이 작업은 중단되었다.

명예교사 G. N. 피로고바 씀.

| 옮긴이 해설 |

「톨스토이의 마지막 10일—가출·병·죽음」은 화가 V. I. 로신스키 (1874~1919)가 1910년 10월 28일부터 11월 7일까지, 그러니까 톨스토이 생애의 마지막 10일 동안의 삶을 자세하게 추적하고 밀착 취재하여 펴낸 지극히 사실적인 기록이다. 이 며칠 동안에 톨스토이와 동행한 마부 안드리안, 막내딸 알렉산드라 톨스타야, 의사 마코비츠키, 톨스토이의 제자이자 동지인 체르트코프, 체르트코프의 비서 세르게옌코 그리고 다른 많은 사람들의 솔직하고 생생한 증언은 무엇보다 이 기록의 신빙성과 역사적 가치를 높여 준다.

톨스토이가 1910년 10월 28일 새벽에 야스나야 폴랴나의 집에서 나와 마차를 타고 기차역으로 가서 시체키노→코젤스크→오프티나 수도원→샤모르디노→아스타포보까지 이르게 되는 이 위대한 순례는 순간의 결정에 의한 감정적이고 비이성적인 행동이 아니었다. 다시 말해 소피야 안드레예브나와 자식들과의 갈등, 반목 그리고 언쟁, 많은 사람들 사이에서의 정신적 고통과 시달림 등이 톨스토이의 가출을 앞당기긴 했지만 가출의 본질적인 원인은 아니었다. 톨스토이의 이 짧고도 긴 순례는 오래전에 계획된 것으로 '민중과 함께, 민중 속에서 새로운 삶'을 시작하려는 톨스토이의 삶과 사상의 마지막 실천이었던 것이다.

이 위대한 순례 과정에서 나타나는 톨스토이의 주저와 불안, 고통과 기쁨, 근

톨스토이의 타이피스트 바렌카가 사용하던 타자기. 1909~1910.

면과 섬세함, 발병과 혼수상태, 유머와 소탈함 등은 위대한 작가요 철학·종교사상가의 면모와는 또 다른, 지극히 평범한 인간 톨스토이의 소박한 모습을 있는 그대로 보여준다. 동행한 사람들과 주변 사람들에 대한 따스한 배려와 절제된 행동, 육체적인 고통과 혼수상태에서 헛소리를 해대면서도 인간적 위엄을 잃지 않으려는 노력, 애증이 뒤섞인 아내에 대한 복잡미묘한 태도, 항상 연필과 메모장을 갖고 다니며 생애의 마지막 순간까지 끊임없이 사색하고 기록하는 성실함에서 우리는 다양한 모습의 톨스토이를 만나게 된다. 이런 점에서 이 기록은 톨스토이가 생애의 마지막 세 달 동안에 쓴 「비밀일기」와 톨스토이의 사상을 가장 잘 이해했고, 톨스토이가 가장 사랑한 막내딸 알렉산드라 톨스타야가 쓴 「왜 아버지는 야스나야 폴랴나를 떠났는가」와 함께 인간 톨스토이의 참모습과 톨스토이 사상의 핵심을 가장 잘 보여주는 중요한 자료인 셈이다.

꼼꼼한 고증과 생생한 증언에 기초한 이 텍스트는 톨스토이의 마지막 며칠에 대한 단순한 기록이라기보다는 오히려 처음(가출)과 중간(순례와 발명)과 끝(죽음)이 있는 드라마틱한 한 편의 소설로 읽힌다. 이 소설의 주인공인 가출한 톨스토이의 모습은 너무나 당당하고, 이 기록의 진실은 너무나 환상적이다. 이 슬프고 진실한 순례의 대서사시를 읽으면서, 우리는 톨스토이의 가출의 이유, 순례의 의

미와 목적, 그의 넋의 아픔을 얼마나 느끼고 이해할 수 있을까? 또 그가 숨을 거두기 직전까지 그토록 회구하고 추구했던 거대한 '진실'의 작은 조각이라도 발견할 수 있을까?!

평생 톨스토이를 사랑하고 존경한 로신스키가 색연필로 그린 극히 사실적인 15장의 삽화는 「톨스토이의 마지막 10일」을 독특한 예술적 기록으로 만든다. 텍스트와 삽화의 행복한 만남을 통해 톨스토이의 '진실'을 찾으러 가는 우리의 고통스런 순례가 조금은 즐겁고 행복할 것 같다.

레프 톨스토이의 가출과 죽음

1910년 10월 27일~11월 6일
알렉산드라 톨스타야

딸이 쓴 아버지의 '가출'과 '죽음'에 대한 메모*

---

* 이 텍스트는 알렉산드라 톨스타야가 아버지의 마지막 일거수일투족을 옆에서 지켜보면서 인간 톨스토이의 마지막 모습—가출, 발병, 고통, 다양한 만남과 대화—을 생생하게 기록한 현장 메모이다.

1910년 10월 27일.

전날 밤에 아버지와 떠남에 대해 얘기했다. 아버지는 떠나고 싶어하지만 나더러 이곳에 남아 있으라고 한다. 난 화를 냈다.

"넌 내게 가장 가까운 사람이다. 네 덕분에 난 지금껏 생활의 어려움을 견뎌왔고, 넌 내 생활을 아름답게 만들어주었어. 그러나 넌 여기서 필요한 사람이야."[52]

툴라 학생들과 보론카 강에 멱감으러 가는 톨스토이. 1907년.

---

52) 1910년 10월에 톨스토이는 야스나야 폴랴나를 떠나는 문제에 대해 여러 번 막내딸과 대화를 했다. 톨스토이의 일기는 이런 상황을 잘 보여준다.

10월 28일.

4시 30분. 아버지가 와서 날 깨웠다. 두샨과 함께였는데 흥분하고 있었다. 마구간에서 "모든 게 허사가 될까봐 걱정이다."라고 말하고 급히 서둘렀다.

난 어머니에게 알렸다. 어머니가 연못에 투신했다. 사람들이 불가코프[53]와 함께 어머니를 끌어냈다. 어머니는 히스테리를 부리고 자살한다고 말하며 문을 잠갔다. 그리고 낙담하면서 "체르트코프 탓"이라고 소리쳤다. 안드레이와 의사에게 전보를 쳤고, 그 다음에 세르게이와 타티야나에게 전보를 쳤다.[54] 절망, 사랑, 분노가 교차한다. 열쇠, 머리빗. 어머니는 밤에 잠을 자지 않고 먹지도 않는다.

저녁에 안드레이가, 좀 늦게 의사가 왔다. 미치광이 짓은 없었다. 그러나 자살을 할 수 있다. 어머니는 밤에 잠을 자지 않고 아무것도 먹지 않는다.

---

53) 발렌틴 페도로비치 불가코프(1886~1966)는 1910년 1월 17일부터 10월 28일까지 톨스토이의 비서를 지냈다.
54) 알렉산드라 톨스타야가 전보를 쳐서 부른 안드레이 리보비치 톨스토이(1877~1916)는 28일 저녁에 야스나야 폴랴나에 왔다. 28일, 알렉산드라 톨스타야는 오빠 세르게이 리보비치 톨스토이(1863~1947)와 언니 타티야나 리보브나 수호티나(1864~1950)에게도 전보를 보냈다.

10월 29일.

레프[55]를 제외하고 모두가 왔다. 나는 체르트코프와 함께 타냐를 만나러 갔다왔다. 타냐는 아연실색했다. 낮에는 오빠들, 타냐, 의사와 얘기했다. 타냐와 세르게이를 제외하고 모두가 어머니를 버린 것에 대해 아버지를 비난했다. 타냐는 아버지가 돌아올 거라고 생각했고, 그러길 바랐다. 괴롭다. 나는 그들이 이기적으로 말한다고 지적했다. 또 그들이 아버지의 십자가가 아버지의 어깨에서 자기들의 어깨로 넘어온 걸 느끼고, 이 고통을 다시 아버지의 늙은 어깨로 옮기려 한다고 말했다.

레프 톨스토이의 아이들, 1867년.
왼쪽부터 타냐, 일류샤, 세료쟈.

---

55) 레프 리보비치 톨스토이(1869~1945)는 그 당시에 파리에 있었다. 소피야 안드레예브나는 10월 29일자 일기에 이렇게 썼다. "레프를 제외하고 애들 모두 왔다. 모두 건강하고 열심히 살고 있다. 그러나 애들은 날 살리고 위로하기 위해 내게 필요한 것이 무엇인지 모른다……."

10월 30일.

29일 밤에 나와 바랴가 야스나야를 떠났다. 체르트코프가 정원의 가장자리에서 우리를 배웅했다. 우린 추격을 걱정했다. 우리는 칼루가로 갔다. 옆 쿠페에는 일리야[56]가 타고 있었다. 수히니치와 코젤스크에서 마차를 탔다. 일곱 시에 수도원에 도착.

숙사에 아버지는 없었다. 아버지는 마샤[57] 고모집에 있었다. 고모 집으로 가보니 마리야 니콜라예브나와 리자[58]만 있고, 아버지는 없었다. 방금 숙사로 떠난 것이다. 나는 모든 걸 얘기했다. 아버지는 어머니에 대해 물었다. 아버지는 흥분했고, 이제 어떤 경우에도 집으로 돌아가지 않겠다는 뜻을 밝혔다.[59] 아버지는 타냐와 세료자에게 어머니를 잘 보살피라고 편지를 썼다. 어머니에게는 집으로 돌아갈 수 없다고 편지를 썼다. 아버지는 흥분했지만, 내가 편지에 쓴 대로 결심했다. 나는 떠나려면 내일 떠나야만 한다고 주장했다. 그러나 아버지가 지친 것 같아서 나는 생각을 바꾸었다. 나는 무슨 일이 일어나든 침묵하기로 결심하고 아버지의 결정을 기다리겠다고만 말했다.

---

56) 일리야 리보비치 톨스토이(1866~1933)도 이날 밤에 칼루가의 자기 집으로 갔다. 칼루가에서 샤모르디노까지는 약 50킬로미터이다.
57) 마리야 니콜라예브나 톨스타야(1830~1912)는 톨스토이의 여동생으로, 1889년부터 샤모르디노 여자 수도원의 수도승으로 생활했다. 샤모르디노는 오프티나 수도원에서 15킬로미터 떨어져 있다.
58) 옐리자베타 발레리야노브나 오블렌스카야(1852~1935)는 마리야 니콜라예브나의 딸로 10월에 샤모르디노 수도원에 있는 어머니를 방문했다.
59) 톨스토이는 10월 30일자 일기에 이렇게 썼다. "……사샤가 왔다. 나는 몹시 기뻤다. 그러나 괴롭다. 아들들의 편지……."

마리야 니콜라예브나는 울면서 레프 니콜라예비치를 가여워했지만 아버지처럼 단호했다. 저녁에 나와 바르바라가 끓인 귀리죽을 아버지에게 드렸다. 잠시 후 아버지는 어떤 결정도 내리지 않고 잠자리에 들었다.

툴라에서 온 방문객과 톨스토이. 1905년.

10월 31일.

새벽 4시에 L. N.[60]이 우리 방문을 두드렸고 지금 즉시 떠나야만 한다고 말했다. 우리는 떠날 채비를 했다. 두샨 페트로비치는 말을 구하러 나갔다. 시골 마부의 마차가 부서진 것을 알게 되었다. 우리가 타고 온 마차가 이미 떠난 뒤에 시골 마부가 와서 어떻게 할 거냐고 물었다. 우리는 한 시간 뒤에 출발했지만 서둘러서 두 번째 종이 울릴 때쯤에 역에 도착했다. 현관 계단에서 우리를 전송한 마샤 고모는 마음이 확고하고 강했다.

우리는 무사히 기차를 타고 갔다. L. N.은 객실에서 잠을 잤으며, 상냥하게 대화를 하고 신문을 읽었다. 1시가 지나서 아버지는 귀리죽 한 냄비를 비우고 잠이 들었다. 3시가 지나서 아버지는 오한惡寒을 호소하기 시작했다. 객실 안이 매우 서늘했기 때문에 우리는 크게 걱정하지는 않았다. 그러나 오한은 계속되었다. 5시에 체온이 38.1도였다. 몹시 불안해진 우리들은 어쩔 줄 몰랐다. 우리는 노보체르카스크로 갔다가 거기에서 남쪽 어딘가로 가기로 결정했다.[61] 객실 안의 많은 사람들이 레프 니콜라예비치를 알아보았다. 고르바체프 역에는 수상쩍은 사람들이 있었다. 한 사람이 기차에 올라탔고, 우리가 내리는지 안 내리는지 역마다 감시했다.

열이 더 높아졌다. 우리는 당황했다. 기차를 타고 더 가기가 힘들었다. 두샨 페트로비치가 아스타포보 역장[62]과 잠시 이야기를 나누었다. 이 큰 역에는 응급실과 의사가 있었다. 역장은 자기 집에서 머물라고 제안했

---

60) L. N.은 레프 니콜라예비치의 이니셜이다.
61) 여기서부터는 알렉산드라 톨스타야의 친구인 바랴 페오크리토바의 기록이다.

다. 우리는 동의했다. 기차는 잠시 역에 머물렀다. 호기심 많은 사람들이 모여들었다. 우리는 간신히 아파트로 갔다. 객실을 침실로 바꾸고 의사를 부르러 보냈다. 저녁 무렵에 열이 떨어졌고, 밤에 L. N.은 아주 잘 잤다. 그는 소피야 안드레예브나가 오는 것을 걱정하여 헛소리를 했다. 신문에 보도하지 말고 아무도 안으로 들이지 말라고 부탁했다.

아스타포보 역과 마을의 모습. 1910년.

---

62) 이반 이바노비치 오졸린(1872~1913)은 랴잔―우랄 노선의 아스타포보 역장이다. 그는 톨스토이의 마지막 며칠에 대한 인상을 '톨스토이의 마지막 안식처' 란 제목으로 《러시아 통보》(1912년 11월 7일)에 발표했다.

11월 1일.

11월 1일. 아침에 체온이 36.2도였다. 꽤 서늘했다. 사샤는 아버지가 병이 날 경우에 알려 달라는 어머니와 오빠들의 부탁을 전달했다. L. N.은 알리지 말라고 했다.

"여기로 오라고 체르트코프에게 전보를 쳐라. 그가 보고 싶다."고 L. N.이 말했다.

L. N.은 사샤에게 몇 가지 생각을 받아쓰게 했고, 잠시 후 자신이 죽은 후에 전하라고 부탁하면서 타티야나 리보브나와 세르게이 리보비치에게

산책 중인 톨스토이 부부. 1905년.

편지를 썼다. L. N.은 매우 평온했고 죽음을 완전하게 대비하고 있었다. 어제는 사샤에게 "낙심하지 마라. 우리가 같이 있으니 정말 좋다."고 말했다.

9시부터 오한이 시작되었고 다시 열이 났다. 우리는 매우 불안했다. 3시가 지나서 열이 이미 39.8도가 되었다. 우리는 체르트코프를 불렀다.[63] 저녁 무렵에 열이 떨어지기 시작했다. 밤 1시경에는 37.2도까지 떨어졌다. 잠시 후 열이 다시 오르기 시작했고, 3시에는 39.2도였다. 나는 니키틴[64]과 세료자[65]에게 전보를 쳤다. 아버지가 목쉰 소리를 냈다.

---

63) 여기부터는 다시 알렉산드라 톨스타야의 기록이다.
64) 드미트리 바실리예비치 니키틴(1874~1960)은 톨스토이의 주치의主治醫이다.
65) 세르게이 리보비치는 11월 2일 저녁 일곱 시에 아스타포보에 도착했다.

11월 2일.

11월 2일, 아침 5시. 체온은 39.1도. 쇠약해진 아버지가 신음소리를 냈다. 맥박 90, 호흡은 38~40번. 아버지는 물을 마시고 열 때문에 답답하다고 불평하면서 "기분 나빠, 열이 완강해."라고 말했다.[66] 6시 45분, L. N. 이 레몬차를 달라고 했고, "거, 참 정말 좋다, 몸이 좋아질 것 같아."라고 말하면서 아주 만족스럽게 다 마셨다. 찻숟가락이 작았는데 그가 말했다. "아주 작은 숟가락이군, 작아."

사샤가 큰 숟가락을 가져와 숟가락으로 차를 떠서 마시게 했다. 잠시 후 그는 찻잔을 들고 마셨다. 나는 그를 향해 머리를 쳐들었다.

"참 좋아. 나는 흘리지 않았어."

그의 음성은 확실했지만 거의 끊이지 않고 신음소리가 났다. 7시.

"분명 가슴앓이야."

이렇게 말하고 그는 찻숟가락 끝에 소다를 담아달라고 부탁했다. 그는 심하게 신음소리를 냈다. 나는 다가가서 "어디가 편찮으세요?"라고 말했다.

"아니다, 가슴앓이야."

"편도씨 좀 드릴까요?"

"아니다, 소다도 아주 좋은 약인데, 이 소다도 가라앉히지 못했어."

7시 30분. 체온 39.3도. 그가 직접 체온계를 보고 말했다. "그래, 열이 높아진 게 좋지 않군. 당신은 이게 도대체 무슨 병이라고 생각하오?"

---

[66] 여기서부터는 다시 바라 페오크리토바의 기록이다.

그가 두샨 페트로비치에게 물었다.

"폐 카타르라고 생각합니다."

"폐 카타르인데 이렇게 열이 높은가?"

레프 니콜라예비치가 물었다.[67]

체르트코프와 세르게옌코[68]가 왔다. 아침 9시. 아버지가 기뻐했다. 11시. 체온 39.6도. 2일 저녁에 세메노프스키가 왔다.

"이틀 뒤에 떠날 수 있나?"

"2주 뒤에야 떠날 수 있습니다."

호흡이 더 곤란해졌다. 세메노프스키는 폐렴으로 진단했다.

"아쉬워요?"

"사람이 행동할 때 달리 행동할 수 없듯이 애석이니 하는 말따위는 있을 수 없다."

낮 1시—피.(나르잔[69]을 마셨다).

(6시— 특급열차 출발.)[70]

"힘들고 고통스럽죠?"

"그래, 아직 자연스런 삶은 없구나."

종종 아버지가 직접 맥박을 쟀다—90번.

---

67) 여기서부터는 다시 알렉산드라 톨스타야의 기록이다.
68) 알렉세이 페트로비치 세르게옌코(1886~1961)는 1910년에 체르트코프의 비서였다.
69) 카프카스의 나르잔 산泉 탄산수.
70) 밤 12시경에 툴라에 어머니가 예약한 특급열차가 도착했다. 이 기차를 타고 어머니, 일리야, 안드레이와 미샤, 타냐, 의사 라스테가예프, 의사의 조수 스코로보가토바, V. N. 필로소프프, 단코프에서 기차에 동석했던 의사 세메노프스키가 왔다.

4시(2일). 아버지의 헛소리: "오, 어머니, 날 모욕하지 마세요."
8시—세르게이 리보비치 도착. 38.8도. 피가 섞인 가래.
9~10시. 39.2도. 샴페인을 드렸다. 11시 45분—37.7도.
12시. 기차를 기다리다. 세료쟈를 만났다. 체온 37.9도.

텔랴틴키의 체르트코프 집을 방문한 톨스토이와 메치니코프 그리고 골덴베이제르. 1909년.

11월 3일.

11월 3일. 체온 38도. 맥박 100. 새벽 5시, 체온 37.2도. 10시에 니키틴 도착.

11시 15분, 체온 36.7도.

폐렴, 비정상적인 맥박.

"작은 베개를 누가 가져왔지?"

"타티야나 리보브나요."

두샨이 말했다.

"타냐가 어떻게 여기에 왔나?"

(어머니와의 대화)어머니가 말했다. "네가 모르는 이상한 친구들이 있는데 경찰이다. 그 사람이 뒤쫓아와서 5킬로 밖에서 살고 있어." "체르트코프가 있는 곳에서요?" "아니, 네가 있는 곳에서."

2일. T[71]가 타냐에게 어머니에 대해 아주 무섭게 물어보았다.

4시. 이반 이바노비치 고르부노프[72]와 골덴베이제르[73]가 왔다.(아침 10시에 열 명이 왔다.)

6시. 체온 37.6도.

(11월 3일) 아홉 명이 왔다.

---

71) 레프 니콜라예비치 톨스토이를 말함.
72) 이반 이바노비치 고르부노프—포사도프(1864~1940)는 톨스토이의 친구로 출판사 '중개인'의 설립자이다.
73) 알렉산드르 보리소비치 골덴베이제르(1875~1961)는 모스크바 음악대학의 교수이자 피아니스트로 야스나야 폴랴나를 종종 방문했다. 『톨스토이 옆에서』의 저자.

아버지는 형제들에게 전보를 치라고 니키틴에게 부탁했다.

"어머니가 오지 못하게 하라고 아들들에게 전보를 치게. 건강이 좋기는 하지만, 내 심장이 너무 약해서 그녀를 보면 치명적인 해를 입을 수 있어. 그녀가 오면 난 그녀를 거절할 수가 없어……. 그녀를 만나면 내겐 치명적이 될 거네. 상태는 좋지만 몹시 쇠약하다고 말하게나."

(돈을 주라고 사샤에게 말해. 안 그러면 블라디미르 그리고리예비치는 자기 돈을 쓸 거야.)

"어머니가 오면 정말로 위험할까?" 타냐에게 물었다.

11월 4일.

새벽 4시. 38.3도.
아침 6시. 38도(……)
아버지가 '희망'이라고 말했다.
4일, 5일(딸꾹질).
4일. "블라디미르 그리고리예비치, 난 아마도 죽을 것 같소, 아마도…… 그러나 노력해야만 해……."
아버지가 두 손을 움직임.[74]

(아, 정말 부끄럽다) 나는 도와주었다(……)
4일 아침. 베르켄게임[75]이 왔다.
"고맙네." 하고 아버지가 베르켄게임에게 말했다.

현지사와 헌병들이 왔다.
4일 아침. 두 명의 부인.
숄로 창문을 가림.[76]

---

74) "또 하나 나쁜 징후가 나타났다. 아버지는 끊임없이 손가락을 움직였다. 아버지는 손끝으로 이불 끝을 잡고 다른 쪽 끝까지 손가락을 움직였다. 이것을 보고 나는 매우 걱정했다. 내 언니 리보브나 오블렌스카야(1870~1906)가 죽기 이틀 전에 이런 손동작이 나타났던 걸 떠올렸다."(알렉산드라 톨스타야, 「ㄱ. N. 톨스토이의 가출과 죽음에 대해」, 1928, 49쪽)
75) 그리고리 모이세예비치 베르켄게임(1872~1919)은 모스크바의 의사로 1903~1904년 동안 톨스토이의 주치의였으며 야스나야 폴라나에서 살았다.

저녁 7시.

"어떻게 끝날까?"

"생각하지 마세요."

"생각해야만 해."

아버지가 뭔가를 요구했다.

우리는 『인생독본』을 읽었다.

텔랴틴키에서 산책 중인 톨스토이. 1909년.

---

76) 톨스토이는 침대 맞은편 유리문으로 두 명의 부인이 자기를 바라보고 있다고 불안해했다. 그래서 알렉산드라 톨스타야와 그녀의 친구 바랴가 숄로 창문을 가렸다.

11월 5~6일.

("마샤, 마샤" 하고 아버지가 불렀다.)

5일 아침. "난 몹시 피곤했다. 너희들이 날 고통스럽게 한다."고 아버지가 말했다.
5일. 의사들을 불렀다.
6일 아침. 의사들이 왔다.
5일 아침. "넌 날 경멸하고 있어. 난 그렇게 멍청하지 않아." 하고 아버지가 세료자에게 말했다.
5일 낮. 우린 아버지의 얼굴을 씻어주었다.
"바리치카는 훌륭한 간병인이야." 아버지가 말했다.
5일. "소다[77]에게 많은 일이 닥쳤어."라고 아버지가 타냐에게 말했다.
"그녀를 보고 싶으세요?"
6일 아침 9시. "단 한 가지만을 기억하거라……."

5일 저녁에 아버지가 침대에서 내려왔다. 내가 붙잡았다.

6일. 의사들이 왔다.

---

77) 여기에서 톨스토이는 소냐(톨스토이의 아내 소피야 안드레예브나 톨스타야의 애칭)를 소다로 잘못 말하고 있음.

"누구냐? 난 저 사람들을 알아. 좋은 사람들이지." 아버지가 말했다.

산소.
귀리죽, 희망.[78]

아버지의 얼굴이 검어졌다.

3시까지.

딸국질.
(아직 희망이 있다고 너댓 명의 의사들이 말함).
37.9도. 헛소리.

"이 모든 게 어리석은 짓이야." 관장灌腸.
"이 모든 게 쓸데없는 짓이야. 뭐하러 치료하나."
수도원장 바르소노피가 옴.
6일. 아버지는 손을 꼭 잡았다.

---

[78] D. P. 마코비츠키는 1910년 11월 6일자 일기에 이렇게 썼다. "……낮에 산소를 방출하기 시작했다. (……) 레프 니콜라예비치가 물었다. '이게 뭔가?' '숨을 편히 쉴 수 있도록 하는 산소입니다.' 레프 니콜라예비치는 마지못해 호흡을 했고, 여러 번 그만두라고 요구했다. 저녁 무렵에 기분이 약간 좋아졌다. (……) 레프 니콜라예비치는 먹을 걸 부탁했다. 저녁에 그는 작은 컵으로 우유 석 잔을 마셨고, 귀리죽을 조금 먹었다. 레프 니콜라예비치의 의식은 아주 명료했다……."

6일. "친애하는 두샨, 친애하는 두샨."

저녁. 아버지가 아직 기력이 있다고 슈로프스키가 말했다.[79]

---

79) "저녁에 슈로프스키는 블라디미르 그리고리예비치와 아버지의 병세에 대해 많은 얘기를 나누었다. 그는 아버지가 아직 기력이 있다고 말하면서 절망하지 않았다."(알렉산드라 톨스타야, 「L. N. 톨스토이의 가출과 죽음에 대해」, 60쪽)

왜 아버지는 야스나야 폴랴나를 떠났는가?

이 텍스트에서 알렉산드라 톨스타야는 어머니 소피야 안드레예브나와 톨스토이주의자들(특히 체르트코프)과는 달리 객관적인 입장에서 톨스토이 사상의 모순, 그의 소박한 삶, 일상의 갈등과 고뇌, 끊임없는 진리 탐구와 진리를 향한 사랑 등을 담담하게 그려내고 있다.

집 서재에서. 1909년.

L. N. 톨스토이의 견해는 모든 사람들에게 알려져 있다. 모든 소유의 거부는 그의 기본적이고 중요한 가르침들 중의 하나이다. 자신의 모든 재산을 가족에게 넘겨준 후, 톨스토이는 실제로 어떤 사유재산도 소유하지 않았지만 주변의 사치와 지주귀족의 환경과 태만 속에서 살아야만 했다. 톨스토이와 전혀 생각을 달리한 평범한 사람들인 톨스토이의 가족들에게서 그의 가르침을 따르고, 그들이 볼 때, 지상의 온갖 행복을 버릴 거라고 기대하기는 실로 어려운 일이었다.

인간생활은 불가피하게 고통스런 모순으로 이루어져 있다. 우리들 각자의 이성과 양심은 이 모순들 때문에 있을 수 있는 결론을 우리들에게 암시해준다. 레프 니콜라예비치에게서 이러한 모순은 그의 인생의 중요한 비극이었다. 한편으로 그는 자기가 가족들, 즉 지주귀족 생활의 모든 것을 거부할 힘이 없는 아내와 자식들을 버리는 도덕적 권리를 갖고 있지 않다고 생각했다. 다른 한편으로 그는 사치스러운 지주귀족의 환경에서 살면서 자신이 자신의 가르침에서 벗어나 있다고 느꼈다. 레프 니콜라예비치는 이러한 모순 때문에 말로 다 할 수 없는 고통을 당했고, 끊임없이 고통에서 벗어날 수 있는 출구를 찾았다.

물론 요리사, 하인, 마부, 푸짐한 음식이 있는 주위의 지주귀족 생활에도 불구하고 레프 니콜라예비치는 가능한 한 단순한 노동생활을 하려고 했다. 그는 아침 일찍 일어나서 침구를 정리했고, 날씨가 아무리 나빠도 손수 구정물 통을 밖으로 가지고 나갔다. 여름엔 노르스름한 할라트[80]를 입고 겨울엔 반외투를 걸치고 한 손에 통을 든, 등이 살짝 굽은 그의 모습이 지금도 눈에 선하다. 집안 사람들 중 누군가가 혹은 하인들이 이 일을 하겠다고 말할까봐 걱정하면서, 그는 보통 급하고 사무적인 걸음걸이로 마당을 걸어다녔다. 그러고 나서 레프 니콜라예비치는 그날 할 일을 생각하면서 숲이나 공원으로 산책을 나갔다. 아침 9~10시경에 우체국에서 수령한 편지를 읽고, 몇 통의 편지에 대해서는 답장을 썼으며 다른 몇 통의 편지에는 주해를 달고 나서 작품을 쓰는 일에 몰두했다. 낮 2시에 간단히 귀리죽을 먹고 나서 말을 타고 돌아다녔다. 그는 이따금 창작활동을 위한 고독을 찾아서 인적이 드문 숲으로 말을 타고 갔고, 가끔은 부근에 사는 농민들의 가난을 알아보려고 아웃 마을로 말을 타고 나갔다. 또 이따금 그가 농담으로 넵스키 대로라고 부르는 툴라의 대로로 말을 타고 나가서 '상류계 인사들'과 대화를 했다. 그는 말을 타고 지나가는 농민들과 키예프로 걸어가는 순례자들을 '상류계 인사들'이라고 부르곤 했다.

"그래, 보통 상류계 인사 하면 귀족들을 말하는데, 그게 아니라 이들이야말로 진짜 상류계 사람들이야." 그가 말했다.

레프 톨스토이는 민중 출신의 소박한 사람들과 대화하는 것을 소중하게 여겼고, 항상 이들을 높이 평가하고 사랑했다. 톨스토이에게 이들이야말로 상류계 인사였던 것이다······.

6시에 톨스토이는 가족들과 식사를 했고, 저녁에는 다시 지적인 활동을 하면서 독서하고, 편지를 쓰고, 방문자들과 대화하면서 시간을 보냈다.

그러나 다시 말하건대, 이러한 생활은 레프 니콜라예비치에게는 견딜

---

80) 폭이 넓고 긴 두루마기 같은 옷.

수 없는 것이었다. 토지 소유로 자신이 얼마나 괴로워하는가를 거듭 말하면서, 숲을 산책하다가 이따금 도끼 소리를 듣고 그곳으로 다가가서 이른바 지주의 나무를 베고 있는 아낙이나 농사꾼을 보았다고 레프 니콜라예비치가 얘기한 것을 기억한다. 그는 자신을 보면 그들이 당황할 거라는 것을 알았다. 그들을 놀라게 하지 않고 그들이 하는 일을 방해하지 않으려고 그는 숨을 멈추고 조용히 몰래 되돌아왔다.

이런 오랜 투쟁 후에, 자신이 야스나야 폴랴나에 있는 것이 가족들에게 아무런 도움을 주지 못한다는 걸 확신하고 나서 레프 니콜라예비치는 떠나기로 결심했다.

"떠나기로 결심했다." 그는 사망하기 며칠 전에 일기에 이렇게 썼다. '나 자신, 레프 니콜라예비치를 구하기 위해서가 아니라 이따금 아주 미약하지만 내 안에 있는 것을 구하기 위해."[81] 그는 '레프 니콜라예비치'란 말로 육체적 본질을 의미했고, '아주 미약하지만 내 안에 있는 것'이란 말로 자신의 영혼을, 신과 사람들에게 필요한 정신적 본질을 의미했다.

1910년 10월 27~28일, 깊은 밤에 문을 두드리는 큰소리가 날 깨웠다. 이 문 두드리는 소리는 마치 내 심장을 두드리는 소리 같았다.

"누구세요?"

"나다, 레프 니콜라예비치. 난 지금 아주 떠난다……. 와서 내가 짐싸는 걸 도와다오."

---

81) 1910년 10월 28일. 오프티나 수도원.

레프 톨스토이. 1910년.

나는 문가에 서 있던 아버지의 모습을 결코 잊을 수 없다. 블라우스를 입은 아버지는 두 손으로 양초를 들고 결연하고 아름답고 밝은 얼굴을 하고 있었다. 내가 서재로 들어갔을 때, 그곳에는 이미 레프 니콜라예비치의 주치의인 두샨 페트로비치가 있었다. 그는 나처럼 두려움에 떨고 흥분하고 있었다. 반대로 아버지는 상자에 뭔가를 넣고 원고와 출발에 필요한 모든 것들을 챙기면서 아주 평온해 보였다. 우리는 집안 사람들이 깰까봐 아주 조용히 움직였고 속삭이며 말했다. 일상생활에서 항상 가장 단순한 필수품만을 갖고 다녔던 아버지는 짐을 꾸리면서 특히나 자신에게 엄격했다는 점을 지적하지 않을 수 없다. 나는 아버지를 간신히 설득하여 필수품들, 즉 모피외투, 회중전등, 약간의 알약을 갖고 가도록 했다.

짐을 꾸린 후, 우리들은 마구간으로 갔다. 음산하고 습하고 춥고 어두운 밤이었다. 무거운 짐을 들고 걷기가 힘들었다. 발이 미끄러지고 끈적끈적한 진흙이 발에 달라붙었다. 아버지는 이따금 회중전등으로 길을 비추며 앞장서 걸어갔다. 마구간 근처의 마차 차고에서 나이가 지긋한 마부 안드리안 파블로비치가 마구를 맸다. 아버지가 말의 굴레에 물림쇠를 채우면서 그를 도와주었다. 급히 떠나려는 기색이 역력했다. 이렇게 말들이 준비되었다. 마부가 옷을 입고 마부석에 앉았고, 타오르는 횃불을 든 마구간지기가 말에 뛰어올랐다.

우리는 서로 작별의 키스를 나누었다. "우린 곧 다시 볼 거다. 가자!" 하고 아버지가 말했다.(나는 잠시 야스나야 폴랴나에 남아서 아버지의 가출에 대해 가족들을 안심시키고 조금 늦게 아버지와 합류하기로 했다.)

횃불로 환해진 2인승 무개 사륜마차가 출발하여 집 옆의 '프레쉬펙트'로 불리는 커다란 자작나무 가로수길이 아니라 사과밭 옆 곧게 뻗은 길을 따라 굴러갔다.

나는 아버지가 샤모르디노에 사는 여동생 M. N. 톨스타야에게 간 것을 알았다. 실제로, 다음날에 나는 아버지가 무사히 도착했고 건강하다는 전보를 받았다. 29일과 30일 밤 사이에 나는 샤모르디노에 있는 아버지에게 갔다. 아버지는 날 보고 기뻐했고, 가족들이 아버지의 가출을 어떻게 받아들였는지 꼬치꼬치 캐물었다. "아버진 아버지가 하신 일을 후회할 수 있어요?" 내가 물었다. "물론 아니다. 사람이 달리 행동할 수 없었을 때 무엇을 후회할 수 있겠니?"

마리야 니콜라예브나의 조용한 수도원 생활은 우리가 도착하면서 깨졌다. 고모는 놀란 듯했지만 아버지의 행동에 진심으로 공감했다.

우리는 잠시 고모 집에 앉아 있었다. 아버지는 고모와 작별인사를 나

트로이츠카야 관구 정신 병원에서 환자들과 의사들 가운데 있는 톨스토이. 1910년.

레프 톨스토이의 누이인 M. N. 톨스타야, 텔랴틴키, 1911년.
야스나야 폴랴나를 떠난 레프 니콜라예비치 톨스토이는 1910년 10월 29일 누이를 찾아왔다. 이것이 그들의 마지막 만남이었다.

누었고, 우리는 모두 우리가 머무는 숙사로 돌아왔다. 나와 마코비츠키는 여행안내서를 구해서 지도를 펼쳐놓고 앞으로 어디로 갈 것인지 의논하기 시작했다. 몇 통의 편지를 쓰고 나서 아버지가 우리에게 와서 조용히 우리와 함께 향후의 여정에 대해 의논했다. 우리는 노보체르카스까지 가서, 외국 여행 여권을 얻을 수 있으면 그곳에서 불가리아로 갈 생각을 했다.

"이제, 충분하다." 갑자기 레프 니콜라예비치가 우리의 말을 잘랐다. "어떤 계획도 짤 필요가 없다."

자신이 좋아하는 생활 규칙, 즉 지금 바로 이 순간을 살라는 생활 규칙을 망각하고 열심히 계획을 짜는 것이 마음에 안 드는 것 같았다. 우리는 출발에 대해 더 이상 언급하지 않았고, 곧 각자의 방으로 흩어졌다.

새벽 4시경에 나는 문 두드리는 소리에 잠에서 깨어났다. 다시, 며칠 전처럼 한 손에 양초를 든 아버지가 내 앞에 서 있었다. 레프 니콜라예비치는 마코비츠키를 깨워서 마을로 가서 말을 구해 오라고 보냈다. 우리는 다시 칠흑 같은 어둠 속에서, 아주 나쁜 숲길을 따라 앞이 보이지 않는 길을 갔다.

아버지는 마리야 고모와 작별인사도 나누지 못했다.

아버지는 오래된 혐오스런 생활을 끝장내고 싶어했다. 아버지가 이곳에 머물고 있다는 사실이 알려질 거고, 가족들 중의 누군가가 와서 귀가를 종용하리라는 생각이 아버지를 몹시 불안케 했다. 이 때문에 아버지는 이 밤에 더 멀리, 가능하면 야스나야 폴랴나에서 더 멀리 가기로 결심했던 것이다.

우리들은 8시에 출발하는 기차에 간신히 맞추어 도착했고, 겨우 짐을 끌고 와서 표도 없이 기차에 올라탔다.

객차 안에서 사람들이 계속 마코비츠키와 내 옆에 와서 앉았다.

"누가 당신들과 함께 가고 있소?"

"레프 니콜라예비치 톨스토이요?"

"그는 어디로 가고 있소?"

우리는 묻지 말라고 부탁했다. 차장이 마련해준 쿠페 안에 어떤 신사가 있었다. 그는 즉시 레프 니콜라예비치를 알아보고 레프 니콜라예비치와 말하기 시작했다. 나는 피로에 지친 아버지를 괴롭히지 말라고 부탁하면서 그를 옆으로 데리고 갔다.

"예, 알겠습니다. 죄송합니다." 몇 분 후에 그는 짐을 챙기더니 일반 객실로 옮겨가면서 우리들에게 쿠페 전체를 양보했다. "나는 신문을 통해 많은 것을 알고 있습니다. 나는 레프 니콜라예비치를 진심으로 숭배하는 사람입니다. 원하시면 내 집을 사용하세요. 레프 니콜라예비치가 동의하면 벨레보에 있는 내 집을 내줄 수 있습니다. 거기에선 아무도 그를 괴롭히지 않을 겁니다."

아버지는 쿠페에 누워 있었다. 건강이 어떠냐는 물음에 아버지는 피곤하지만 기분이 좋다고 대답했다. 아버지는 신문을 부탁했다. 다음 큰 역에서 나는 아버지를 위해 신문 몇 장을 샀다. 신문을 읽고 나서 아버지는 슬퍼했다.

"이미 모든 것이 알려졌고, 모든 신문들이 나의 가출 소식으로 꽉 찼어."

아버지는 슬프게 말했다.

그렇다, 아버지는 자신의 명성과 인기가 얼마나 어마어마한지 한번도 상상하지 않았다. 아버지는 자신의 가출이 슬그머니 지나가리라고 믿고 싶어했다. 또 호기심 많은 사람들, 통신원들, 사진사들 그리고 그를 몹시 괴롭히고 그의 작업을 방해했던 모든 사람들로부터 숨을 수 있을 거라고 믿고 싶어했다.

몇몇 승객들은 자리에 앉자마자 흥미있게 신문을 읽었고, 승객들 모두 레프 톨스토이가 야스나야 폴랴나를 떠난 것에 대해서만 이야기했다. 톨스토이가 이 기차를 타고 가고 있다는 소식이 번개 같은 속도로 모든 객차에 퍼졌다. 호기심 많은 사람들이 쿠페에 있는 레프 니콜라예비치에게로 오려고 했지만 나는 그런 방문을 단호하게 물리쳤다. 가능한 한 나는 호기심 많은 사람들로부터 아버지를 보호했다.

샤모르디노 수도원. 1890년대 말~1900년대 초.

곧 진실한 마음으로 아버지를 대했던 모든 차장들이 나를 돕기 시작했다.

"왜 당신들은 날 귀찮게 따라다니는 거요?"

백발에 지적이고 명민한 얼굴과 존경할 만한 외모를 가진 한 차장이 어떤 승객에게 말했다.

"정말로 왜 날 귀찮게 따라다니는 거요? 내 당신에게 말하건대 톨스토이는 이미 이전 역에서 내렸어요."

잠에서 깨어난 후 아버지는 먹을 것을 부탁했다. 나와 함께 아버지의 평온을 지켰던 그 차장의 도움을 받아, 나는 즉시 직원용 차량의 철제 페치카에서 아버지에게 귀리죽을 끓여드렸다.

이렇게 우리는 사람들의 눈에 띄지 않게, 새 장소에서 새 사람들과 함께 새롭고 아름다운 노동의 생활을 꿈꾸며 어떤 지방으로 더 멀리, 더 멀리 가고 있었다……. 그러나 신의 뜻으로 이 꿈은 실현될 운명이 아니었다.

야스나야 폴랴나 농촌 마을의 민중 도서관 개관식에서. 1910년 1월 31일.

아버지는 조용히 잠자고 있었다……. 잠에서 깨어난 후, 아버지는 몸을 더 따스하게 덮어달라고 부탁했다.

"등에 옷을 끼워넣어라. 왠지 등이 시려." 아버지가 내게 말했다.

객차 안은 서늘했다. 그래서 나는 아버지의 이 부탁에 놀라거나 불안해하지 않았다. 그러나 몇 분이 지나서 아버지는 다시 춥다고 호소하기 시작했다.

"뭔가로 날 더 덮어다오……."

의사 마코비츠키가 레프 톨스토이의 맥박을 짚고 머리를 만져보고 체온을 쟀다.

체온계가 38.1도를 가리켰다. 우리들이 볼 때, 아버지는 병이 났고, 그것도 심각한 게 분명했다. 우리는 차를 끓이기 시작했다. 우리는 아버지에게 적포도주와 함께 차를 마시도록 했다. 그러나 소용이 없었다. 오한은 계속되었고 체온은 더 높아졌다.

어떻게 할 것인가? 담배 연기로 가득 찬 2등실 객차, 낯설고 호기심 많은 사람들, 두 손에 안긴 늙은 환자, 은신처도 없고, 집도 없고, 방 한 칸도 없다. 어떻게 할 것인가?

우리는 단코프를 지나고 있었다. 기차는 더 멀리, 더 멀리 달리고 있었다. 아버지의 상태는 시간이 지날수록 악화되었다……. 이때 기차가 불이 환하게 켜진 어떤 커다란 역에 멈춰 섰다. 아스타포보 역이었다. 마코비츠키는 객차에서 나가 사람들 속으로 사라졌다. 고통스러운 25분이 흘렀다. 흥분한 마코비츠키가 철도원 제복을 입은 나이 지긋한 사람과 함께 급히 안으로 들어왔다. 이 사람은 아스타포보 역장 이반 이바노비치 오졸린으로 자신의 아파트에 레프 니콜라예비치를 모시겠다고 제안했다.

이반 이바노비치 오졸린.
아스타포보 역의 역장. 이 사람의 집에서 레프 톨스토이가 숨을 거두었다.

    레프 니콜라예비치는 너무 허약해서 거의 움직일 수가 없었다. 우리는 간신히 그에게 옷을 입힌 후, 그를 부축하여 플랫폼을 따라 운반하다시피 했다.
    오졸린이 방을 준비하는 동안에 우리는 여성대합실에서 기다려야만 했다. 군중들이 기다리고 있다가 아버지가 플랫폼을 지나갈 때 모두가 모자를 벗고 허리를 굽혀 인사했다. 아버지는 인사에 답례를 했다. 이러는 동안 약 한 시간이 더 지났다. 마침내 마코비츠키와 역장이 우리를 데리러 왔다. 우리는 다시 아버지를 부축했다. 아버지는 이미 거의 의식이 없었다. 다시 운집한 군중들 옆을 지나가야만 했다. 군중들이 다시 환영을 하며 인사를 했다. 우리가 레프 니콜라예비치를 침대에 눕히자 그는 혼수상태에 빠졌다.

I. L. 톨스토이와 레프 톨스토이를 치료하던 의사들.
아스타포보 역의 오졸린 집 앞이다. 1910년 11월 6~7일. 왼쪽부터 D. V. 니키틴, G. M. 베르켄게임, V. A. 슈로프스키, I. L. 톨스토이, P. S. 우소프.

밤이 되어서야 아버지는 의식을 되찾았다. 아버지의 머리에 떠오른 최초의 생각은 우리에 대한 걱정과 근심이었다. "낙심하지 마라. 모든 게 좋다. 우리가 같이 있으니까." 아버지가 내게 말했다.

물론, 이 밤에 아무도 잠을 자지 않았다. 나와 두샨 페트로비치는 차례로 아버지의 침대 곁에 앉아 있었다. 레프 니콜라예비치는 계속 우리들에 대해서만 걱정했다.

"날 내버려둬. 몸을 피곤하게 하지 말고. 누워들 자……."

아침에 아버지의 상태가 좋아졌다. 체온은 떨어지고 맥박은 힘차게 뛰었다.

아버지는 전보를 쳐서 친구인 체르트코프를 부르라고 내게 지시를 했고, 몇 가지 생각을 받아 적게 했다. 그 내용은 이렇다.

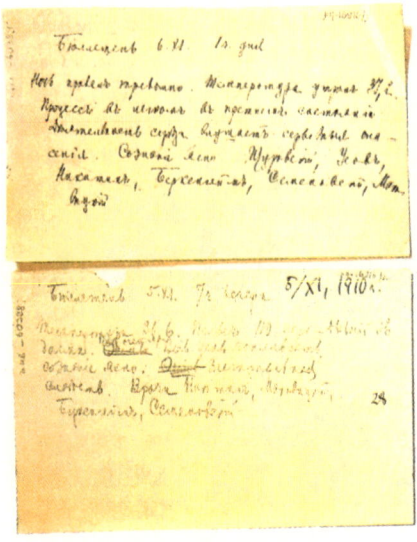

1910년 11월 5일, 6일 레프 톨스토이의 건강상태에 대해 의사들이 기록한 진단서.

"신은 무한한 전체이다. 인간은 단지 신의 제한된 발현일 뿐이다." 나는 받아썼고, 아버지가 더 말하기를 기다렸다. 그러나 아버지는 더 이상 말하지 않았다.

아버지는 잠시 말없이 누워 있다가 다시 날 불렀다.

"이렇게 써라, 더 잘 되었다: 신은 무한한 전체이다. 인간은 스스로를 신의 제한된 일부분임을 의식한다.

신만이 진실로 존재한다. 인간은 물질, 시간, 공간 속에서의 신의 발현이다. 인간 속에서 신의 발현(생명)이 다른 존재들(생명들)과 더 많이 결합될수록, 인간은 더 많이 존재한다. 자신의 생명과 다른 존재들의 생명과의 결합은 사랑에 의해 이루어진다.

신은 사랑이 아니지만, 사랑이 크면 클수록 인간은 신을 더 많이 드러내고 더 진실하게 존재한다.

우리는 우리 안에 발현된 신에 대한 인식을 통해서만 신을 인지한다. 이러한 인식에서 나오는 모든 결론과 이 인식에 기초한 삶의 지침은 신 자체에 대한 인식과 이 인식에 기초한 삶의 지침 속에서 항상 완전하게 인간을 만족시킨다."

이 메모에서 알 수 있듯이 병이 들고 육체적으로 허약했지만 아버지는 정신적이고 지적인 삶을 중단하거나 한순간도 약화시키지 않았다. 아주 어린 시절부터 몸에 밴 이런 힘 덕분에 아버지는 사람들과의 관계에서도 권위를 가질 수 있었다. 몸은 약해졌고 육체의 생명은 꺼져 가고 있었지만, 레프 니콜라예비치가 사망한 후 많은 시간이 지나도 죽지 않을 영혼의 생명, 신에 대한 믿음, 사람들에 대한 사랑은 강해졌다. 왜냐하면 진리는 영원하기 때문이다.

나는 여기에서 고故 이반 이바노비치 오졸린을 기억하지 않을 수 없다. 우리가 여행 도중에 고통스런 체험을 하게 되었을 때, 이 사람을 만난 것은 너무나 다행스런 정황의 일치였다. 나는 이반 이바노비치처럼 진실하고 동정심이 많고 섬세한 사람을 좀처럼 보지 못했다. 나는 깊은 감사와 진실한 사랑의 마음으로 이 아름다운 사람을 기억하고 있다.

이반 이바노비치는 자기의 아파트 거의 전체를 우리에게 양보했고, 아이들과 아내를 작고 좁은 식당에 살게 했다. 그리고 자신은 어딘가에서 잠을 잤다. 나는 그가 며칠 동안 잠을 잤는지 안 잤는지도 모른다. 그가 책무 때문에 집을 비워야만 했기 때문이다. 며칠이 지나서 아스타포보 역은 이상하게 활기찬 장소로 변했다. 계속 기차가 도착했고, 통신원들과 사진사들이 왔고, 당국과 성직자들로부터 이런저런 요구가 쏟아졌다. 이반 이바노비치는 그들 모두에게 숙소를 찾아주고 그들을 보살펴야만 했

병든 레프 톨스토이가 누워 있는 방 안을 들여다보고 있는 소피야 안드레예브나 톨스타야.
아스타포보. '파테 형제들' 사의 기록필름 중 한 컷.

다. 그는 이런 일로 많은 고통을 당했다.

나는 레프 니콜라예비치가 오졸린과 오졸린의 가족에게 그들의 보살핌에 대해 아주 감동적으로 고마움을 표시한 것을 기억한다. 또 그와 그의 아내가 감격한 표정을 짓고 눈에 눈물을 글썽이며 아버지의 방에서 나간 것을 기억한다.

사흘째 되는 날에 마코비츠키는 아버지의 병을 폐렴으로 진단했다. 항상 레프 니콜라예비치를 치료했던 우리 가족의 친구인 의사 D. V. 니키

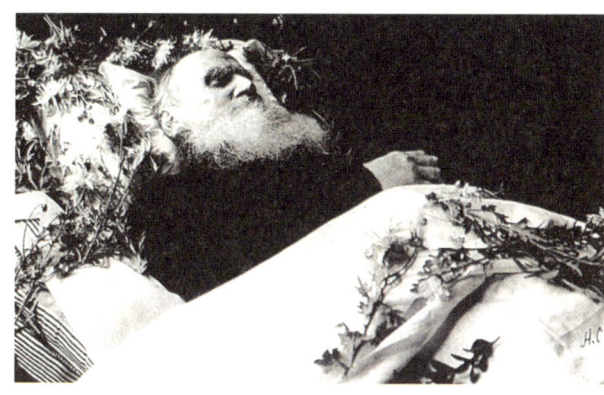

임종 때의 레프 톨스토이. 1910년 11월 7일.

틴을 부르기로 했다.

　나는 레프 니콜라예비치의 병의 모든 진행과 주변에서 일어났던 모든 일을 자세하게 묘사하지는 않겠다. 내게 가장 흥미롭게 보인 순간들만을 묘사하고자 한다. 새로운 사람들이 계속 아스타포보 역에 도착했다. 역 전체가 사람들로 가득 찼는데, 레프 니콜라예비치의 병의 진전에 대해 최신 소식을 서로에게서 빼앗아 자신의 잡지와 신문에 통신문을 보내려고 노력하는 통신원들이 대부분이었다. 사진사들이 수없이 사진을 찍어댔고, 호기심 많은 사람들이 아스타포보의 작은 집을 둘러쌌다……. 체르트코프가 도착했고, 모스크바의 의사들이 도착했다. 레프 니콜라예비치의 가족들을 태운 특급열차가 도착했고, 아버지의 많은 친구들이 도착했다.

　의사들의 강한 요구에 따라 몇몇 사람들만이 레프 니콜라예비치를 면회할 수 있었다. 모든 만남이 아버지를 몹시 흥분케 하고 마음을 피로하게 했다.

　병환 중에도 레프 니콜라예비치의 의식은 대체로 명료했다. 아버지는 한순간도 주위사람들을 잊지 않았고, 자신이 평생 무엇을 위해 살았는지 한순간도 잊지 않았다. 한번은 아버지의 베개를 바로잡아 주었다. 그러자 아버지는 "농군들이, 농군들이 죽어가고 있다."고 말하고 울기 시작했다.

역장의 초라하고 작은 아파트에 누워 있는 지금도, 죽어가는 농군들보다 훨씬 좋은 조건 속에 있다는 사실이 아버지를 고통스럽게 한 것이 분명했다.

아버지가 혼수상태에 빠졌을 때, 아버지는 평생을 살면서 추구한 것, 즉 진리 탐구에 대해 헛소리를 했다. "나는 진리를 원한다…… 많이……." "찾아야 해, 찾아야 해, 항상 찾아야 해." 아버지는 이렇게 되뇌었다.

그렇다, 아버지는 육신의 생명이 끝날 때까지 진리를 구했다. 아버지는 그 진리만을 위해 살았던 것이다.

돌아가시기 이틀 전에 아버지는 갑자기 베개에 기대어 몸을 일으켰다. 나는 아버지에게 뭔가를 바로잡아 줘야만 한다고 생각했다. 그러나 아버지는 그 자리에 서 있는 언니를 바라보고 "괜찮다."고 확고하고 분명한 목소리로 말했다. 그리고 날 바라보며 말했다.

"너희들에게 한 가지만 충고하마. 이 세상에는 레프 톨스토이 이외에 많은 사람들이 있다는 것을 기억하거라. 너희들은 레프 한 사람만을 보고 있구나."

이렇게 말하고 아버지는 다시 베개를 베고 누웠다.

이것이 아버지가 내게 준 마지막 말이었다.

그렇다, 우리는 레프 톨스토이만을 바라보았다. 우리의 전 생애가 그 안에 있었다. 오랜 시간이 지나서야 이 말을 깊이 생각한 후, 나는 이 말

아스타포보에서의 장례식. 톨스토이의 시신이 담긴 관을 그의 아들들이 운반하고 있다. 1910년 11월 8일.

의 심오한 의미를 이해하게 되었다. 아버지는 아버지의 죽음과 함께 우리의 인생이 끝나서는 안 된다는 것을 깨닫게 해주었다. 왜냐하면 레프 니콜라예비치 이외에 많은 사람들이 존재하고, 그들을 위해 그들과 함께 계속 살아야만 하기 때문이다. 그런데 우리는 이 순간에 레프만을 바라보고 있었던 것이다.

나는 아버지가 숨을 거두기 전에 아버지를 정교신앙으로 개종시키기 위해 오프티나 수도원에서 온 수도원장 바르손피가 날 만나길 원한다는 전갈을 받았다. 나는 아버지의 침대 곁을 떠날 수가 없으므로 그를 만날 수 없다는 편지를 써서 그에게 보냈다. 나는 레프 니콜라예비치를 만나게 해달라는 부탁이 담긴 바르손피의 답신을 받았다.

"나의 도착을 레프 니콜라예비치에게 알릴 것을 부탁드립니다. 그가 2,

3분만이라도 날 만나기를 원하면 나는 즉시 그에게로 가겠습니다. 만약 레프 니콜라예비치가 거절하면, 나는 이 일을 신의 뜻에 맡기고 오프티나 수도원으로 돌아갈 겁니다. 변변치 못한 순례자이자 죄 많은 수도원장 바르손피. 1910년 11월 6일."

나는 이 편지에 대해 아버지에게 알리고 싶어도 이미 알릴 수가 없었다. 아버지는 거의 의식이 없었다. 아주 이따금씩 의식이 돌아왔다. 한번은 아버지가 말했다. "신이 모든 것을 건설할 것이다." 이것은 분명히 자

자세카 역에서 야스나야 폴랴나로 향하는 장례 행렬. 1910년 11월 9일.

신의 어떤 생각에 대한 대답이었다.

6일, 저녁 무렵에 아버지의 상태는 더욱 악화되었다. "숨쉬기가 힘들다."고 아버지는 간신히 쉰 목소리로 말했다.

의사들이 캠퍼 주사를 놓았다. 잠시 상태가 좋아졌다.

아버지는 큰아들 세르게이를 가까이 오라고 불렀다.

"세료자. 나는 진리를 사랑한다…… 많이……."

아버지는 말을 맺지 못했다……. 이것이 아버지의 마지막 말이었다.

톨스토이의 매장식. 톨스토이 묘 앞에 무릎을 꿇고 있는 군중들. 1910년 11월 9일.

11월 7일, 새벽 4시에 아버지는 숨을 거두었다.

이것은 10년 전의 일이다. 이 10년 동안 사람들은 많은 일들, 즉 고통스러운 세계대전과 피의 혁명 등을 겪었다……. 사람들은 미쳐날뛰며 서로를 죽이고 서로를 감옥에 처넣었으며, 서로를 증오하고 더욱더 불행하게 되었다. 사람들은 외적인 현세의 행복을 구했지만…… 모든 것을 잃어버렸다.

옛 정부는 우리의 행복이 정복, 굳건한 국가권력, 영토의 확장, 상업의 발전, 정교신앙에 있다고 말했다…….

이러한 행복을 달성하기 위해 이 정부는 전쟁을 벌이면서 사람들을 죽게 하고 사형에 처하고 감옥에 처넣었다.

새 권력은 사람들의 행복이 노동자와 농민들에 의한 제조소와 공장의 소유, 생필품의 공정한 분배, 계급투쟁, 전세계 프롤레타리아의 단결에 있다고 말한다……. 이 행복을 위해 정부는 전쟁을 벌이며 사람들을 죽게 하고 사형에 처하고 감옥에 처넣는다.

그러나 사람들은 더 행복해지지 않았다. 노동자들도 불행하고, 농민들도 불행하고, 부르주아와 인텔리겐치아도 불행하다.

진실한 행복은 어디에 있는가? 어디에서 그것을 찾을 수 있나?

이 물음에 대한 답을 우리는 톨스토이에게서 찾을 수 있다. 이 답은 톨스토이의 전 저작에 일관되게 나타나 있는데, 그것은 사랑 속에 있다. 사람들이 자기완성을 기하며 신을 사랑하고 서로서로를 사랑하면서 살게 될 때, 사람들은 비로소 행복을 달성하게 될 것이다.

『인생독본』에서 톨스토이는 이렇게 쓰고 있다.

"인간생활의 모든 모순을 해결하고, 인간에게 최고의 행복을 주는 감정을 사람들은 알고 있다. 이 감정은 사랑이다."

"사랑은 죽음을 없애고 죽음을 헛된 환영으로 만든다. 사랑은 무의미한 인생을 의미 있는 뭔가로 바꾸어놓고, 불행을 행복으로 만든다."

그렇다, 톨스토이의 전생애는 사랑으로 가득 차 있다. 그것은 우리가 가족과 가까운 사람들에 대해 느끼는 사랑이 아니라 인류와 전세계를 향한 사랑, 그리고 적들에 대한 사랑이다.

레프 니콜라예비치 톨스토이는 우리들에게 이것을 유언으로 남겼다.

남편 묘옆의 소피아 안드레예브나. 1912년.

| 옮긴이 해설 |

알렉산드라 리보브나 톨스타야(1884~1979)는 톨스토이의 막내딸로 가족들 중에서 아버지의 사상을 가장 잘 이해했다. 톨스토이 역시 가족들 중에서 알렉산드라를 가장 아끼고 사랑했다. 톨스토이의 딸이자 동지로서 일상생활에서 아버지와 늘 함께했던 알렉산드라 톨스타야는 톨스토이가 사망하기 9일 전에 결행한 가출길도 아버지와 동행하면서 아버지의 마지막 순례와 임종의 순간을 가장 가까운 거리에서 지켜보았다.

1910년 11월 7일 톨스토이가 사망한 이후, 알렉산드라 톨스타야는 평탄치 않은 인생을 살았다. 알렉산드라는 1912년에 「레프 톨스토이의 가출과 죽음에 대하여」를 써서 아버지의 죽음을 둘러싼 세간의 분분한 억측과 오해에 일침을 가했다. 1917년 10월 볼셰비키 혁명 이후, 알렉산드라는 최고군법회의에서 3년형을 선고받고 모스크바의 노보스파스코예 수도원 수용소에 감금되기도 했다. 그 후 알렉산드라는 1929년에 러시아를 떠나 일본을 경유하여 미국에 정착했고, 주로 강연과 집필 활동을 통해 톨스토이의 사상을 온몸으로 실천하면서 평생을 살았다. 알렉산드라가 쓴 『나의 아버지 톨스토이의 생애』(1953, 뉴욕/1989, 2001년에 모스크바에서 발간)는 지금까지 출간된 톨스토이의 전기들 중에서 가장 객관적인 전기로 꼽힌다.

「딸이 쓴 아버지의 '가출' 과 '죽음' 에 대한 메모」와 「왜 아버지는 야스나야 폴랴나를 떠났는가?」는 『2001년도 톨스토이 연감』(톨스토이 국립박물관, 2002)에 처음으로 공개된 자료를 번역·소개한 것이다. 「딸이 쓴 아버지의 가출과 죽음에 대한 메모」는 알렉산드라 톨스타야가 아버지의 마지막 일거수일투족을 옆에서 지켜보면서 인간 톨스토이의 마지막 모습—가출, 발병, 고통, 다양한 만남과 대화—을 생생하게 기록한 현장 메모이다. 「왜 아버지는 야스나야 폴랴나를 떠났는가?」는 원래 1920년에 쓴 것인데, 신생 소비에트 정권에 대한 부정적인 내용 때문에 이제야 빛을 보게 된 것이다. 이 글에서 알렉산드라 톨스타야는 어머니 소피야 안드레예브나와 톨스토이주의자들(특히 체르트코프)과는 달리 객관적인 입장에서 톨스토이 사상의 모순, 그의 소박한 삶, 일상의 갈등과 고뇌, 끊임없는 진리 탐구와 진리를 향한 사랑 등을 담담하게 그려내고 있다. 알렉산드라는 톨스토이 사상의 핵심을 '사랑' 으로 이해하면서, "톨스토이의 전생애는 사랑으로 가득 차 있다. 그것은 우리가 가족과 가까운 사람들에 대해 느끼는 사랑이 아니라 인류와 전세계를 향한 사랑, 그리고 적들에 대한 사랑이다."라고 말하고 있다.

알렉산드라 톨스타야가 쓴 「딸이 쓴 아버지의 '가출' 과 '죽음' 에 대한 메모」,

톨스토이의 80세 생일에 보낸 에디슨의 축음기. 1900년대.

「왜 아버지는 야스나야 폴랴나를 떠났는가?」는 이 책에 처음으로 번역·소개된 톨스토이의 「비밀일기」와 로신스키가 쓰고 삽화를 그린 「톨스토이의 마지막 10일」과 함께 인간·예술가·사상가 톨스토이의 삶과 사상, 특히 톨스토이의 가출과 죽음에 대한 가장 객관적이고 생생한 자료임에 틀림없다. 주로 사실과 증언에 기초한 이 자료들의 번역을 끝내면서, 나는 한편의 드라마틱한 소설을 시종 긴장하면서 읽어낸 기분이다. 왜일까?

2004년 12월

恒山齋에서 이항재

『부활』의 친필원고, 1889년.

| 작가 연보 |

1828년　　8월 28일(신력 9월 9일. 이후 년, 월, 일은 구력 표기), 레프 니콜라예비치 톨스토이는 톨스토이 백작 가문의 넷째 아들로 툴라현의 소유지 야스나야 폴랴나에서 태어남.

1830년(2세)　8월 7일, 어머니 마리야 니콜라예브나가 아기를 낳다가 다섯 자녀를 남겨놓고 사망.

1836년(8세)　톨스토이 일가 모스크바로 이주.

1837년(9세)　아버지 니콜라이 일리이치가 뇌일혈로 쓰러져 죽음. 고아가 된 다섯 남매는 큰고모인 알렉산드라 오스텐 사켄 백작 부인의 집에서 부양됨.

1841년(13세)　가을에 그들 다섯 남매의 후견인인 큰고모 알렉산드라 오스텐 사켄 부인이 오프티나 수도원에서 죽음. 그 뒤 세 형들과 함께 새 후견인(작은고모) 펠라게야 일리이치나 유쉬코바의 집으로 옮김.

1844년(16세)　8월, 카잔 대학 철학부 동양어학과 (아랍·터키어문학과정)에 입학. 그러나 그는 학교생활에 불성실하고 사교계에 드나들며 향락적인 나날을 보냄. 그리하여 2학기 진급 시험에 떨어짐.

1845년(17세)　법학부로 옮김. 그리고 이때를 전후하여 루소의 저술을 읽은 후, 자기의 내적 각성에 따라 기도와 교회에 다니는 것을 그만둠.

1847년(19세)　4월 17일부터 일기를 쓰기 시작함. 카잔 대학교를 중퇴하고 맏형 니콜라이와 함께 야스나야 폴랴나로 돌아와 농사 관리, 농민 생활의 개선 등에 힘썼으나 실패하여 이에 환멸을 느낌. 후년의 작품 『지주의 아침』은 이때의 경험을 담고 있음.

1848년(20세)	이 해와 이듬해는 모스크바에서 무위도식하며 부박한 사교와 향락 생활을 함.
1849년(21세)	페테르부르크 대학교에서 학사검정고시를 치러 민법 및 형법 과목에 합격. 방탕한 생활을 계속함. 11월, 툴라 현 귀족대의원회에서 근무.
1851년(23세)	4월 29일, 맏형 니콜라이를 따라 지난날의 생활을 버리고 카프카스로 떠남. 5월, 포병대에 근무 중인 맏형이 기거하는 스타로글라도코프스크 카자크 촌에 도착. 카프카스 포병 여단의 사관후보생 시험에 합격. 제20여단 제4포병 중대 근무. 처녀작 장편 『유년 시절』을 쓰기 시작.
1852년(24세)	3월 17일, 단편 『습격』 착수. 7월 2일, 장편 『유년 시절』 탈고. 8월 28일, 잡지 《현대인》 주간이었던 네크라소프에게서 『유년 시절』을 높이 평가한 편지를 받음. 9월부터 'L. N.' 이란 익명으로 페테르부르크의 《현대인》에 『유년 시절』을 발표함. 9월, 중편 『지주의 아침』을 쓰기 시작함. 《조국의 기록》 10월호에 『유년 시절』에 대한 비평이 게재됨. 12월, 단편 『습격』 탈고. 중편 『카자크 사람들』 씀.
1853년(25세)	3월, 《현대인》에 『습격』 발표. 4월, 단편 『크리스마스 날 밤』 씀. 5월, 장편 『소년 시절』 착수. 6월, 단편 『삼림 벌채』를 쓰기 시작. 9월, 『당구 득점기록원의 수기』 씀. 10월, 크림 전쟁 일어남.
1854년(26세)	1월, 소위보로 승진하여 3월, 두나이 전선 출정을 지원. 7월, 다시 크림 파견군으로 전속. 11월 7일, 세바스토폴리 도착. 군사 잡지 《병사 소식》 발행 계획. 군사 잡지 발행을 위하여 단편 『쥐다노프 아저씨와 기사 체르노프』, 『러시아 병사들은 어떻게 죽어가고 있는가』를 씀. 진중 집필한 『소년 시절』 발표.
1855년(27세)	1월, 《현대인》에 『당구 득점기록원의 수기』 발표. 3월, 장편 『청년 시

절』쓰기 시작. 6월, 『1854년 12월의 세바스토폴리』를 《현대인》에 발표. 9월, 『삼림벌채』를 《현대인》에 발표. 11월 21일, 싸움터에서 페테르부르크로 옴. 투르게네프, 네크라소프, 곤차로프, 페트, 체르느이쉐프스키, 오스트로프스키 등과 같은 《현대인》 동인들과 친교. 투르게네프와 사이가 나빠짐.

1856년(28세) 1월, 『1855년 8월의 세바스토폴리』가 《현대인》 1월호에 발표됨. 3월 3일, 셋째형 드미트리의 부보를 받음. 11월 26일, 제대함. 페테르부르크의 문학인들에 대한 환멸로 야스나야 폴랴나로 돌아와 농노란 굴레로부터 농민의 해방을 시도. 이 해에 『눈보라』, 『두 경기병』, 『지주의 아침』, 『모스크바의 한 친지와 진중에서 만남』 등을 발표함. 《현대인》에 체르느이쉐프스키의 비평 〈유년 시절론〉이 실림.

1857년(29세) 1월 29일, 첫 유럽 여행을 떠남. 파리에서 길로틴에 의한 사형 집행 과정을 목격하고 강한 인상을 받음. 7월에 귀국하여 야스나야 폴랴나에 돌아와 농사에 힘씀. 페트와 친교를 맺음. 이 해에 『루체른』, 『청년 시절』을 발표함.

1858년(30세) 모스크바 음악협회를 설립함. 『알베르트』를 발표하여 사실적인 분석의 수법으로 음악이 인간의 영혼에 미치는 작용을 그리려고 시도함.

1859년(31세) 2월, '모스크바 러시아문학 애호가협회' 회원으로 뽑힘. 교육 활동에 첫발을 내딛어 농민 아이들에게 야학을 열어 공부를 시킴. 단편 『세 죽음』, 『가정의 행복』 발표.

1860년(32세) 교육 분야의 처음 활동으로, 교육의 자유를 외치는 글을 발표하고 국민교육조합 설립을 계획함. 7월 2일, 외국의 교육 제도 시찰과 맏형 니콜라이의 문병을 겸하여 누이와 함께 두 번째 유럽 여행에 오름. 라이프치이, 드레스덴, 제네바, 마르세유 등지에서 초등 교육 실황을 시찰하고 베를린 대학교에서 몇 차례 청강을 함. 9월, 맏형 니콜라이가 죽음. 『국민 교육론』을 기초하고 농민 생활을 소재로 한 작품인 『목가』, 『티혼과 말라니야』(미완성) 집필.

1861년(33세) 프랑스에 머무르면서 파리에서 투르게네프와 만남. 영국 런던에 가서 게르첸과 사귐. 영국의 여러 학교를 참관하고, 디킨스의 훈육에 관한 강연을 들음. 벨기에의 여러 학교를 시찰하고, 독일 바이마르의 프레베르 유치원을 찾아가 그곳의 초등 교육가들과 회담함. 3월~5월, 단편 『폴리쿠쉬카』 창작. 야스나야 폴랴나에 돌아옴. 크라비벤스키이군 제4구 농사중재재판소원에 임명됨. 농민 학교 설립 초안 작성. '야스나야 폴랴나 농민 학교'를 세움. 교육 잡지 《야스나야 폴랴나》 발행.

1862년(34세) 교육 분야의 논문 〈국민 교육에 대하여〉, 〈읽기와 쓰기를 어떻게 가르칠 것인가?〉, 〈훈육과 교육〉 등의 여러 논문들을 잇달아 발표. 5월 26일, 농사중재재판소원직을 사퇴, 교육 활동으로 해친 건강을 회복하려고 요양차 사마라 현으로 감. 9월 23일, 궁전 전의인 베르스의 둘째딸 소피야 안드레예브나(당시 16세)와 결혼하여 야스나야 폴랴나로 돌아옴. 10월 15일, 학교 사업을 그만둠.

1863년(35세) 3월~4월, 『홀스토메르(말 이야기)』 씀. 6월 28일, 맏아들 세르게이가 태어남. 교육 잡지 《야스나야 폴랴나》 종간호 발행. 『진보와 교육의 정의』, 『카자크 사람들』, 『폴리쿠쉬카』 발표. 가을 『12월 당원』 기고, 나폴레옹 전쟁 시대의 연구 착수(최대 장편 『전쟁과 평화』의 준비 작업).

1864년(36세) 9월, 맏딸 타티야나 태어남. 『전쟁과 평화』 집필 시작함. 페테르부르크의 스텔로프스키 출판사에서 첫 『톨스토이 저작집』 제1, 2권 나옴.

1865년(37세)   『전쟁과 평화』(당시의 제목 『1805년』)의 첫 몇 부분(1~38장)을 《러시아 통보》(1865년 제1~2호, 1866년 제3~4호)에 발표함. 이 해 11월 1일 이후 13년 동안 일기 쓰기를 중단함.

1866년(38세)   『전쟁과 평화』 제2권 발표. 5월, 둘째 아들 일리야가 태어남. 『전쟁과 평화』의 삽화를 담당한 화가 바쉴로프와 친교를 맺음.

1867년(39세)   가을에 『전쟁과 평화』의 창작을 위해서 모스크바로 감. 보로디노의 옛 싸움터를 답사함. 『전쟁과 평화』가 처음으로 단행본으로 나옴(3권).

1868년(40세)   겨울 내내 온 가족과 함께 모스크바의 키스로카에서 지냄. 3월 논문 〈『전쟁과 평화』에 대한 몇 마디〉를 《러시아의 기록》 제3호에 발표함.

1869년(41세)   5월 20일, 셋째 아들 레프 태어남. 『전쟁과 평화』를 완성하여 발표함.

1870년(42세)   학교 설립 등 교육 사업에 다시 몰두하기 시작함. 그리스어를 배우고, 그리스 고전을 탐독.

1871년(43세)   『초등 교과서』 씀. 비평가 스트라호프와 친교.

1872년(44세)   『초등 교과서』 발행. 『카프카스의 포로』, 『신은 진실을 알지만 이내 말하지는 않는다』 발표.

1873년(45세)   3월, 장편 『안나 카레니나』 집필. 5월, 온 가족과 함께 사마라 지방으로 감. 7월, 《모스크바 신문》 편집국 앞으로 〈사마라 지방의 기근에 대하여〉란 글을 보내고 빈민 구제 사업에 힘을 기울임. 9월, 화가 크람스코이에 의하여 처음으로 톨스토이의 초상화가 야스나야 폴랴나에서 제작됨. 10월, 교육 활동 재개. 11월 21일, 『톨스토이 저작집』(1~8권) 나옴. 12월 아카데미 회원으로 뽑힘.

1874년(46세)   『국민 교육에 대하여』 발표. 전 12권의 『초등 교과서』 재판 나옴. 6월

213

	20일, 톨스토이에게 큰 영향을 준 먼 친척인 타티야나 알렉산드로브나 예르골스카야 죽음. 12월, 『새 초등 교과서』 집필.
1875년(47세)	1월, 『안나 카레니나』가 《러시아 통보》에 발표되기 시작. 7월, 『새 초등 교과서』 제1, 2, 3, 4권 발행. 12월, 고모 펠라게야 일리이치나 유쉬코바 죽음. 프랑스의 《르 탕》 지에 『두 경기병』이 번역되어 투르게네프의 서문과 함께 실림.
1876년(48세)	이른바 '내적 위기', 즉 정신적 전환의 시작. 작곡가 차이코프스키와 친교.
1877년(49세)	5월, 『안나 카레니나』 제8편의 간행에 즈음하여 《러시아 통보》 주간인 카트코프와 세르비야 전쟁에 대한 문제로 충돌, 그 뒤 두 사람은 절교하고 톨스토이는 종교적, 사상적 저술에 힘씀. 9월, 『안나 카레니나』 제8편이 단행본으로 출간됨.
1878년(50세)	다시 일기를 쓰기 시작함. 12월당 사건 및 니콜라이 1세에 관한 자료를 얻기 위해 모스크바와 페테르부르크를 방문. 투르게네프와 화해(겸허하게 화해를 구하는 편지를 파리에 있는 투르게네프에게 부침). 투르게네프가 야스나야 폴랴나를 방문함. 5월, 『첫 기억』을 쓰기 시작함. 『고백』 집필. 『안나 카레니나』 재판 발행.
1879년(51세)	『고백』의 첫 부분이 발표되었으나 발매 금지당함. 장편 『12월당』 창작을 미완인 채 단념. 『전쟁과 평화』의 프랑스판 나옴. 『고백』의 저술을 계속함.
1880년(52세)	4월, 푸슈킨 기념 축제 참석을 거절. 『교의신학의 비판』을 발표.
1881년(53세)	3월 1일, 인민의지당의 혁명집행위원들의 손에 의하여 알렉산드르 2세가 암살당했음. 알렉산드르 3세가 일망타진한 혁명당원들을 극형

에 처하려고 하자 톨스토이는 그 부당함을 역설하고 복음서의 가르침에 따른 용서야말로 참된 앙갚음이며 용서라고 절규함. 그러나 새 황제는 이를 받아들이지 않음. 7월 10일, 『사람은 무엇으로 사는가』, 『4복음서의 합일과 번역』, 『요약복음서』 발표. 도스토예프스키의 사망 소식을 듣고 충격을 받음.

1882년(54세) 1월 하순, 모스크바의 민세 조사에 참가. 『고백』을 완성, 《러시아 사상》 5월호에 발표했으나 이내 발매 금지당함. 모스크바의 하모브니키 골목에다 집(지금의 톨스토이 박물관)을 사고 10월부터 이주. 『모스크바 민세 조사에 대하여』, 『악을 악으로 갚지 말라』, 『교회와 국가』 등 발표.

1883년(55세) 6월 10일, 투르게네프가 임종을 맞아 톨스토이에게 편지를 띄워 순수 예술로 돌아오라고 간청. 그러나 예술에 대한 새로운 인식에 눈뜬 톨스토이는 끝내 예술을 위한 예술로 돌아오지 않음. 8월 22일, 투르게네프가 죽자 톨스토이 크게 충격을 받음. 이 당시의 내적 관심사는 『내 신앙의 귀결』과 투르게네프의 작품을 읽는 데로 기울어 있었음. 10월, '러시아 문학 애호가협회'에서 투르게네프에 관한 공개 연설을 계획했으나 금지당함. 『내 신앙의 귀결』 발표.

1884년(56세) 『그러면 우리들은 무엇을 해야 할 것인가』를 집필. 6월 17일, 첫 가출을 시도. 그 이튿날인 18일, 막내딸 사샤 태어남, 11월, 『톨스토이 전기』(전4권)의 편찬에 한평생을 바친 비류코프와 처음으로 알게 됨. 12월, 체르트코프의 도움을 얻어 민중의 참된 교화를 목적으로 한 출판기관 '포스레드니크(중개인, 즉 정신적 가치의 전달자란 뜻)'사를 세움. 『내 신앙의 귀결』이 발매금지를 당함. 『광인의 수기』 기고(미완성).

215

1885년(57세)	2월, 헨리 조지의 『토지 국유론』을 읽고 깊은 감명을 받아 사유 재산을 부정함으로써 아내와 갈등을 일으킴. 그 결과로 모든 재산권을 아내의 소유로 돌리고 집을 나와 '전 인류에 대한 사랑의 고행길'에 오름. 10월 7일, '만인의 종교'의 창도자 윌리엄 프레이가 야스나야 폴랴나를 방문. 민화民話 시리즈의 선구가 된 단편 『일리야스』 발표. 포스레드니크 사에서 처음으로 그의 저작이 출간됨(『사람은 무엇으로 사는가』, 『신은 진리를 알고 있지만 곧 말하지는 않는다』, 『카프카스의 포로』). 10월, 『이반 일리이치의 죽음』을 쓰기 시작. 『그러면 우리들은 무엇을 해야 할 것인가』가 발표되기 시작함. 소피야 부인에 의해 『톨스토이 저작집』이 전 12권으로 간행됨. 민화 『두 형제와 황금』, 『사랑이 있는 곳에 신도 있다』, 『촛불』, 『두 노인』, 『바보 이반의 이야기』 등을 창작.
1886년(58세)	1월 18일, 넷째 아들 알료샤가 죽음. 2월 14일, 『그러면 우리들은 무엇을 해야 할 것인가』 완결. 이 해 여름 저작을 하는 한편 두 딸 타티야나와 마리야에게 거들게 하여 들일을 하다가 짐수레에서 떨어져 2개월간 병상에 누움. 9월, 『인생에 대하여』를 쓰기 시작. 10월, 2주일 남짓 걸려 탈고한 희곡 『암흑의 힘』이 발행과 상연이 금지되었으나 한번 발행이 허가되자 사흘 동안에 25만 부가 매진됨. 민중 교화를 목적으로 유명한 『일력日曆』의 편찬에 착수. 『이반 일리이치의 죽음』을 발표함.
1887년(59세)	1월, 당국의 탄압으로 심히 왜곡되어 『일력』이 나옴. 그러나 당국의 왜곡에도 불구하고 발행 뒤 열흘도 못 되어 전부 매진되었음. 이 『일력』은 '톨스토이의 일력' 또는 '매일의 수양'이라는 제목이 붙여져 민중 사이에 널리 보급되었고 톨스토이의 역저 『인생독본(독서의 고

리)』의 기초가 됨. 1~2월, 중편 『빛이 있는 동안 빛 속을 걸어라』를 씀. 2월, 『암흑의 힘』의 저작권 포기. 8월, 레핀이 야스나야 폴랴나로 톨스토이를 찾아와 일련의 초상화 착수. 9월 23일, 은혼식을 올림. 이 무렵 칸트의 『실천 이성 비판』을 읽음. 12월, 『인생에 대하여』를 썼지만 곧 발매 금지당함. '금주동맹'을 조직. 『최초의 양조자』, 『머슴 예멜리얀과 빈 북』, 『세 아들』 등을 씀.

1888년(60세) 1월, 본댜료프의 저서 『농부의 승리』의 서문을 씀. 『고골리에 대하여』 집필. 2월 22일, 『암흑의 힘』이 파리의 자유극장에서 상연됨. 이 달에 아들 일리야의 결혼식을 올림. 3월 31일, 막내아들 바네치카 태어남. 담배를 끊음. 가을에 코롤렌코가 모스크바로 톨스토이를 찾아옴. 시립 하모브니키 초등학교 교사가 되려고 원서를 냈으나 거절당함.

1889년(61세) 3~4월, 희곡 『그녀는 잘하고 있었다』(나중에 『문명의 열매』로 개제)의 초고를 탈고하고 가족들에게 낭독해줌. 『크로이체르 소나타』를 씀. 3~7월, 『예술이란 무엇인가』를 집필. 11월 19일, 『악마』를 씀. 12월 『크로이체르 소나타』 탈고. 이 달에 『부활』의 구상에 힘씀. 이 달 20일, 『문명의 열매』가 야스나야 폴랴나의 그의 집에서 시연됨. 또 이 해에 『각성할 때이다』, 『신을 섬길 것인가 혹은 황금을 섬길 것인가』, 『손의 노동과 지적 노동』 등을 씀.

1890년(62세) 1~2월, 계속 『문명의 열매』의 창작에 힘씀. 2월, 『세르게이 신부』 집필에 착수. 『어째서 사람은 제 스스로를 마비시키는가』를 씀. 7월, 독일의 『톨스토이전』 편찬자 뢰벤펠트와 면담. 12월, 가출할 마음을 가짐.

1891년(63세) 2월 24일, 『문명의 열매』가 모스크바에서 초연됨. 그 이튿날, 신간 『톨스토이 저작집』 제13권 몰수당함. 3월 25일, 아내 소피야는 단독으로 페테르부르크로 올라가 직접 황제 알렉산드르 3세를 만나 발매 금지당한 『크로이체르 소나타』를 저작집에 수록하여 발표할 것을 허가받음. 4월, 재산 분배. 7월, 조각가 히츠부르크가 야스나야 폴랴나로 찾아와 톨스토이의 초상을 그림. 이 해에 중앙 및 남동 러시아의 여러 현에 무서운 흉작이 덮쳐 농민 구제에 힘씀. 11월, 아내 소피야도 《러시아 신보》에 빈민 구제를 호소하는 글 발표. 이 글은 여러 외국 신문들에도 번역 연재되어 남편 사업에 크게 도움이 됨. 『굶주림에 우는 농민 구제의 방법에 대하여』를 씀. 뢰벤펠트 감수 독어판 '톨스토이 선집'이 간행됨.

1892년(64세) 굶주리는 사람들을 구제하기 위해 딸들과 함께 구휼사업에 힘씀. 젊은 톨스토이주의자들이 모여들어 구휼사업은 대규모화됨. 정부가 톨스토이를 수즈달 수도원에 가두려고 한다는 풍문이 돔.

1893년(65세) 5월 4일, 『신의 나라는 너희들 내부에 있다』 탈고. 7~8월, 『무위』를 씀 (《러시아 통보》 제9호 발표). 8~10월, 『종교와 국가』를 씀. 10월, 『노자』의 번역에 힘씀. 12월부터 이듬해 1월, 『기독교와 애국심』을 쓰기 시작, 노불동맹을 비판. 『신의 나라는 너희들 내부에 있다』가 발표되자 당국은 그를 무정부주의자로 지목함. 연출가 스타니슬라프스키와 알게 됨. 기 드 모파상 작품들의 서문을 씀. 또 『노동자 여러분에게』, 『헤이그 만국평화회의에 대하여』를 발표.

1894년(66세) 11월 26일, 『이성과 종교』 탈고. 12월 28일, 『종교와 도덕』 완성. 『신의 고찰』을 발표. 두호보르 교도들과 처음으로 사귐.

1895년(67세) 3월 23일, 막내아들 바네치카가 죽음. 3월 27일, 최초의 유언장을 몰

	래 씀. 9월 체호프가 야스나야 폴랴나에 찾아옴. 『부끄러워하라』 발표. 『열두 사도에게 의하여 전해진 주의 가르침』 등을 저술.
1896년(68세)	7월 18일, 『하쥐 무라트』의 창작을 구상함. 가을에 자주 행해지는 병역의무 거부의 소식을 듣고 『종말이 다가왔다』란 제목의 글을 쓰고 그것이 큰 의의를 갖는 참된 영웅적 행동임을 밝힘. 『복음서를 어떻게 읽을 것인가』, 『현재의 사회조직에 대하여』, 『애국심과 평화』를 씀. 12월, 『도와라』 발표. 『암흑의 길』이 최초로 황실극장皇室劇場에서 상연됨.
1897년(69세)	3월 28일, 모스크바로 병이 위독한 체호프를 찾아감. 6월, 둘째딸 마리야가 니콜라이 레오니도비치 오볼렌스키 공작과 결혼함. 겨울 『예술이란 무엇인가』 탈고. 『하쥐 무라트』를 쓰기 시작. 희곡 『산송장』의 창작을 구상.
1898년(70세)	두호보르 교도를 도울 것을 사회에 호소하는 공개장을 발표. 7월, 두호보르 교도를 돕기 위해 미완의 『세르게이 신부』와 『부활』의 탈고를 서두름. 레오니드 파스테르나크가 야스나야 폴랴나에서 『부활』의 삽화 제작. 『톨스토이즘에 대하여』, 『두호보르 교도의 원조에 대하여』, 『기근인가 아닌가』, 『러시아 신보의 편집자에게 부침』, 『두 전쟁』 등을 씀.
1899년(71세)	3월, 『부활』이 《니바》지에 발표됨.
1900년(72세)	1월, 아카데미 회원으로 피선. 1월 16일, 고리키가 처음으로 찾아옴. 예술극장에서 체호프의 연극 〈바냐 아저씨〉를 관람한 뒤 희곡 『산송장』을 씀. 2~5월, 『애국심과 정부』, 『죽이지 말라』를 씀. 『현대의 노예제도』의 저술에 힘씀. 7~8월, 중병을 앓음. 10월, 고리키가 다시 야스나야 폴랴나에 찾아옴. 12월 7일, 야쿠트 지방 두호보르 교도의 처

	자의 외롭고 비참한 상태를 호소하고 그 사면을 청원한 상소문을 니콜라이 2세에게 올림. 『자기완성의 의의』를 저술.
1901년(73세)	2월 22일, 정부의 어용기관인 종무원宗務院은 톨스토이를 그리스 정교회에서 파문함. 3월, 『황제 및 그 보필자들에게』를 집필, 러시아 국민의 비참한 현실을 기술하고 폭력에 의하지 않은 개혁이 필요함을 역설함. 3~4월, 『파문의 명령에 대하여 종무원에 보내는 회답』을 쓰기 시작. 9월, 전 가족이 크림에 감. 여기에서 그는 티푸스와 폐렴을 앓아 중태에 빠짐. 가을『하쥐 무라트』, 『나의 종교』, 『병사의 수기』 등을 씀. 1901~1902년 계속 크림의 가스프라에서 요양. 체호프와 고리키를 만남.
1902년(74세)	2월, 『나의 종교』를 탈고. 5월, 코롤렌코가 톨스토이를 찾아옴. 5~6월, 『노동 대중에게』를 씀. 8월 6일, 문학활동 50주년 기념 축하제가 개최됨. 11월 1일, 『성직자들에게 보내는 공개장』 집필. 『지옥의 붕괴와 부흥』을 씀.
1903년(75세)	8월 28일, 탄생 75주년 축하회. 이 달 20일 단편『무도회가 끝나고 나서』 탈고. 9월『셰익스피어와 희곡에 대하여』를 씀. 또『노동과 죽음과 병』, 『세 가지 의문』, 『사회개혁자들에게』, 『정신적 본원의 의의』 발표.
1904년(76세)	5월, 『반성하라』를 발표, 도덕적으로 러·일전쟁의 옳지 않음을 설파하고 권력자들의 반성을 촉구.『인생독본』편찬 착수. 6월,『유년 시절의 추억』탈고. 비류코프 저『톨스토이 전기』의 원고를 교열, 종횡으로 가필 증보.
1905년(77세)	12월당원들의 수기와 게르첸의 작품을 읽음. 체호프의 단편『귀여운

여인』의 발문을 집필. 또 『러시아의 사회운동』, 『푸른 지팡이』, 『코르네이 바실리예프』, 『알료샤 고르쇼크』, 『딸기』, 『세기의 종말』 등을 씀.

1906년(78세) 8월, 소피야 안드레예브나가 중병에 걸림. 10월, 『인생독본』이 간행됨. 11월 16일, 『꿈을 꾸었던 일』을 씀. 또 『셰익스피어의 희곡에 대하여』, 『유년 시절의 추억』, 『러시아 혁명의 의의』, 『국민에게 부치는 공개장』 등을 발표. 11월 26일, 오볼렌스키 공작 부인인 둘째딸 마리야 죽음.

1907년(79세) 1월 20일, 당국에 의한 톨스토이 저서의 압수. 『진정한 자유를 인정하라』, 『우리들의 인생관』 발표.

1908년(80세) 1월, 톨스토이 기념제를 위한 특별위원회가 페테르부르크에 조직됨. 2월, 톨스토이가 동위원회의 일원 스타호비치에게 글을 보내어 기념제 준비의 중지를 요청함. 3월, 〈폭력의 법칙과 사랑의 법칙〉을 씀. 5월, 〈침묵할 수 없다〉를 써 사형 집행의 옳지 않음을 말함. 7월 9일, 〈침묵할 수 없다〉의 게재로 각 신문이 벌금을 물고 《세바스토폴리》지 편집자가 체포당함. 8월 28일, 세계 각처에서 탄생 80주년 기념제가 거행됨. 톨스토이의 비서 구세프 추방됨. 『인생독본』의 개정 증보에 심혈을 기울임. 『아동을 위한 그리스도의 가르침』 발표.

1909년(81세) 전 해에 축하제 때 조직된 톨스토이 기념제 특별위원회가 톨스토이 박물관 건립을 목적으로 하는 협회로 개조됨. 동협회 주최로 봄에 페테르부르크에서 성대한 톨스토이 박람회가 개최됨. 3~7월, 『불가피한 혁명』을 씀. 5월, 『세상에 죄인은 없다』를 씀. 9~10월, 징기스칸에 관한 논문 집필에 착수. 11월, 처음으로 사후에 관한 유언장 만들어짐. 이 해의 주된 저술로는 『사형과 기독교』(1월), 『유일한 계율』(7월), 『누가 살인자냐』, 『고골리에 대하여』, 『나그네와의 대화』, 『마을의 노래』, 『돌』, 『큰곰자리』, 『나그네와 농부』, 『오를로프의 앨범』 등이 있음.

1910년(82세) 2월, 단편 『호드인카』 창작. 3월, 희곡 『모든 것의 근원』 탈고. 단편 『뜻밖에』 탈고. 7월 22일, 최후의 정식 유언장 만들어짐. 8~9월, 『세상에 죄인은 없다』의 개작이 이루어짐. 10월 28일 새벽, 아내 소피야 안드레예브나에게 최후의 쪽지를 남기고 의사 마코비츠키와 함께 야스나야 폴랴나의 정든 집을 떠남. 10월 26~29일, 최후의 저술인 논문 〈유효한 수단〉을 탈고. 10월 28~29일 오프티나 수도원에 머물렀다가 10월 29일, 샤모르디노 수도원으로 가서 누이 동생 마리야 니콜라예브나를 만남. 10월 31일, 여행 도중 병이 위중해져 랴잔—우랄 철도 중간의 한 시골 역에서 내림. 11월 3일, 일기에 마지막 감상을 적음. 11월 7일 오전 6시 5분, 아스타포보 역장 관사에서 눈을 감음. 11월 9일, 야스나야 폴랴나의 숲 속에 묻힘.

레프 톨스토이의 시계.